JN094975

運命は鍛えられる

タロット占いの裏側、教えます

フォーチュンテラー
林エリヤ

扶桑社

プロローグ

皆さんはタロットカードと聞いてどんなイメージがありますか？

神秘的なジプシーの魔女が占いをしているイメージが思い浮かぶのではないでしょうか。またはハリーポッターのようなファンタジーなイメージかもしれません。

私も最初10代の頃にタロットカードの世界に入ったときには、様々な絵柄に圧倒され、なんて面白い世界なんだろうかと感激しました。

しかし、タロットカードには78枚もの膨大な数のカードがあり、全ての意味を覚えることが理想ではありますが、それではタロットカードの入り口としてはハードルが高く、使いこなしていく前に嫌になってしまいます。

タロットカードは難しく考えるのではなく、もっと自由に好きにカスタマイズされた使い方をして欲しいと私は思っています。そのことを皆さんにお伝えしたいとずっと考えていました。

何よりも大切なことは、インスピレーションです。

難しい理論よりもあなた自身のインスピレーションを大切にして欲しいのです。
人間には強弱の差はありますが、インスピレーション、予知能力は全ての人にあります。それら潜在的な能力を引き出してくれるツールの一つがタロットカードだと思います。

私自身10代の頃より、数多くの人たち延べ2万人以上を鑑定してきたのですが、やがて、あることにも気が付きました。

それは、タロットカードは占いとしてのツールだけでなく、自分の『ハイヤーセルフ（日本語的には守護霊ともよばれます）』と繋がりやすくし、自分の人生の指針を暗示してくれる『ギフト（日本語的にギフトはお告げとも言われます）』を与えてくれること、さらに願望を叶える手助けや開運を導いてくれるあなたのエンジェル（天使）のような役割をしてくれることです。

ここでいう天使とは可愛らしいイメージだけの天使ではなく、実は深い意味があります。キリスト教のマリア様がイエス様を受胎したことを知らせにきたガブリエルの大天使などが有名ですが、ピンチを救ってくれたり、幸せの道しるべとなってくれたりする天使のことです。

ですので本書では、基本的なタロットの知識や技術ではなく、タロットカードによる『運命の鍛え方』をお伝えしていきたいと思います。

運命は決して、宿命で決まってしまっているものではありません。

運命は自らの意志で鍛えて強くすることが出来るのです。運が強いことは逆境に強く、乗り越える力があり、様々な助けがあること、またチャンスを逃さずに上手く波に乗っていけることを意味します。

皆様の強い決意や、努力、成功や願望のより具体的なイメージを持つことがとても大切です。

さらに、その手助けとなるものは、先ほどの『ハイヤーセルフ』であったり、『ギフト』というものであったり、ふとした拍子に浮かぶ『気づき』であったりします。

『ハイヤーセルフ』とは、簡単に言うと自分の守護霊のような存在を言います。

守護霊と聞くと、ご先祖様の幽霊を思い浮かべたりするかもしれませんが、そうではなく、宇宙のような壮大な次元にいる自分自身の真の魂……と捉えたらよいかもしれません。

例えば生活の中でふと、自分が思っていたことと違う言葉が浮かんできたり、やけに直感が冴えていたりするときはありませんか？　それは超能力でも何でもなく、自分でも自覚しなかった潜在意識から与えられる気づきの『ギフト』です。

そういった気づきのギフトは、スピリチュアルの分野ではハイヤーセルフからもたらされるものだと言われています。

目に見えないハイヤーセルフと繋がるためのツールの一つにタロットカードがあり、古来よりタロットカードは様々な人の手を経て、進化してきたのです。

今回は、タロットカードを使ったリーディング（鑑定）が、様々な人生の節目に、どのようにギフトや気づきをもたらすのかを具体的にお伝えしています。これらは、実際のエピソードをもとに、個人が特定されないように一部を脚色していますが、全て私の鑑定経験にもとづいています。

占いには当たるも八卦当たらぬも八卦という言葉があります。占いを生業にしている私が申すのも何ですが、これもその通りです。占いであなたの人生の全てが見えるわけではありません。

ですが、大難が小難になったり、小難が無難になったりして、大災難から逃れることは可能だと思うのです。占いは未来を予知するものというより、未来をよりよくするため、または心の準備をするためにあると考えていただきたいです。

そしてどんな人にも、心の中には沢山の引き出しがあり、開けられないままでいる引き出しが沢山あります。その引き出しの中には自分ですら知らない一面もあり、だとしたら急に開けるのは怖いですよね。そこで「この引き出し、ちょっと開けてみてはどうですか？」と確かめてみるのが占いの役目だと思っています。

そうして自分の内面を引き出すことで新しい道が開け、よりよい人生を歩めるようになります。

誰しも長い人生の中で、恋人や結婚への不安、介護や相続といった家族の問題、会社の人間関係、病気など、大きな節目や転機に何度となく遭遇するでしょう。

人生に苦難はつきもの、いいこともあれば悪いこともあります。悪いことが続いても運命に流されず、運命を鍛えて、苦難に立ち向かってみましょう。どん底に落ちてしまう前に、抗う術として占いを活用して下さい。または私のようなフォーチュンテラーを頼ってみて下さい。

タロット占いにも基本とされているルールがあります。でも実は、カードはどう並べたっていいですし、嫌な結果が出てしまったなら何回でもやり直したっていい。とても自由に考えていいのです。

そういった私なりのセオリーも本書を通じてお話ししていきます。

タロット占いで大事なのは、カードが伝えてくれるメッセージをどう読み解くかです。どれだけ悪い結果が出たとしても、未来をどうすればよいものに出来るか、タロットは沢山のヒントを教えてくれます。

ヒントを見落とさないためには、沢山の占う機会を作ってみて下さい。

毎日、自分自身を占ってもよいですし、親しい家族、友人を占っても必ず何かの気づきがあると思います。

本書が、その経験の一端となり、あなたの運命が鍛えられ、幸せになっていくことを願ってやみません。

2024年5月

フォーチュンテラー　林エリヤ

運命は鍛えられる　目次

カードからのメッセージをエピソードで学ぼう　83

運命は鍛えられる

林エリヤ

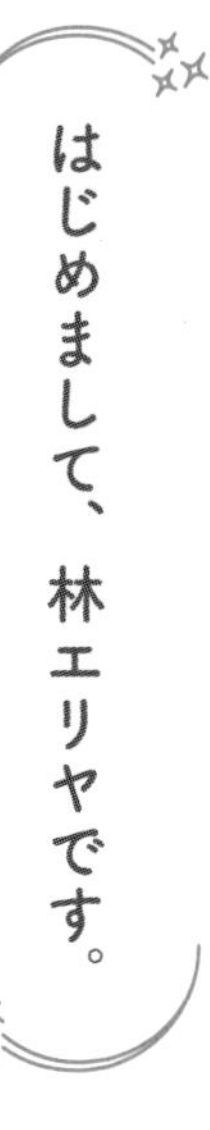

はじめまして、林エリヤです。

改めまして、林エリヤと申します。

「フォーチュンテラーとは何者?」「林エリヤとはどんな人?」と少しでも気になって下さった方は、本書をお読み頂けましたら、気さくに何でも話せる存在だとわかっていただけるのではないかと思います。

まずは私がフォーチュンテラーになったきっかけからお話ししていきます。


活動を始めたのは、1979年にタロット占いの草分けと言われているアレクサンドリア木星王に師事したときです。

元々子どもの頃から占いが大好きで、きっかけとなったのは、母の持っていた占い本。その本で自分のことを調べてみたら、自分の性格がずばり記されていたことに大きな衝撃を受けたのです。それが小学2年生くらいの頃だったと思います。占いでどこまで人のことがわかるのだろうと、子どもながらに探究心をかき立てられ、自分なりに占いを勉強

するようになりました。

それから数年後、大学生の頃です。当時大阪駅近くのビルに、後に師匠となるアレクサンドリア木星王が占いの館を開業したのです。普通にお客さんとして訪れていくうちに、とても面白く夢中になり、これがフォーチュンテラーとなる大きな契機でした。

ある日、占いの館に「占い師募集」の張り紙を見付け、興味を持った私はダメ元で木星王の面接を受けてみました。すると、なんと合格！　直々にタロット占いの指導を受けられることになりました。

半年間の指導を受けた後、占い師（当時

は魔女という肩書きでした）として占いの館に出演出来るようになりました。そしてこの約4年間の中で、プロとしての占い師の勉強もさせて貰ったのです。

その経験のおかげで、大学卒業後もそのまま占い師として働くことは可能でした。実際、同僚の多くはそのまま占い師になりましたが、美大に通っていた私はクリエイティブな仕事をしてみたい願望があり、一旦占いの館は辞めて、とある上場企業のマーケティング部へ就職しました。ですので、ずっと占いだけを生業にしていたわけではありません。

それからしばらくは会社員として働き、アパレル系や先端技術の繊維メーカーなど、転職も何度か経験しました。中でもアパレル企業でデザインの仕事をしていた時代はとても楽しかったです。私がデザインした服を有名な女優さんが着て下さったときは本当に嬉しかったですね。

ですがバブルが崩壊し会社が斜陽になります。そこで私は会社を作ろうと思い立ち、退職してスポーツウェアの会社を立ち上げました。しかし不況の煽りで長くは続けられませんでした。それこそ会社を続けるべきか自分で占ってみたら、アパレルは一旦、休業すべしとの結果が出たのです。アパレルからは全てそのタイミングで思い切って撤退しました。

やがて、本業から解放され余裕が出来ると、再び占いへの想いが蘇り、頼まれるままに事務所で鑑定を始めました。

もう一つ私にとって大きなライフワークのテーマがありました。

それは占術をさらに深めたいと思っていたことでした。そして会社員の間も神保町の古書店に通い、西洋から東洋まで色々な占術の研究をずっと続けていたのです。そして知人友人を個人的に占ううちに、口コミでかなりの盛況となりました。

そんな折、ある海外セレブ関係者の将来を占ったときの話です。その方の未来には、成功はするかもしれないけれど、子どもには恵まれないという結果が出ます。残念な結果も全て、私は正直にお伝えしました。

大変ショックを受けた顔をされたので、伝えない方がよかったかもと思いましたが、後日、そうではなかったことがわかります。その方が同性愛者であることが判明したのです。

当時はまだセクシャリティに関する情報が少ない時代でした。だからそういう形で自分の性指向を言い当てられたことにとても驚かれていたのです。その方は私を非難することはなく、逆に私の占いを広めて下さり、業界に私の名前が知られるようになりました。

この出来事は、占いが私のライフワークかもしれないと思うきっかけとなります。その方が有名なハリウッド映画の登場人物として出て来たときには、胸がいっぱいになりました。これまで占いをしてきてよかったと心から思った瞬間です。

私自身、紆余曲折ありましたが、最初から占い一筋でなく、様々な仕事をし、様々な方と接したことが、今ではとても有意義なことだったと思えます。

相談に来られる人は、一般的な実社会で暮らしている方が殆どです。その気持ちに寄り添うには、やはり私なりの社会経験が大いに参考になっています。私自身浮き沈みある人生を体験出来たことが、皆様の人生にもリアルに寄り添えることに繋がっているかもしれません。

起業したこともとても大切な経験でした。占いに来られる方には経営層の方も多くいらっしゃいます。社員側の立場の方であっても、経営視点を持ってお話し出来ることは多角的な視点となりとても大切です。転職のご相談においては特にそうだと思います。

占いというスピリチュアルなものであっても、社会常識があるかどうかはとても重要です。中にはまれに非現実的なことを言われる占い師の方もおられますが、出来るだけ現実的なアドバイスをモットーとしています。

占い師へ話を聞きに行くのは、最初は勇気がいるでしょうし、警戒もされるでしょう。私はそういったハードルを少しでも低くしたいと考えています。

ですのでサロンで行う対面占い以外にも、電話での占いや、スマートフォンが普及する前からインターネットの占いも手掛け、おかげさまで占いサイトのMVPにも表彰していただけました。

そうして占いのコンテンツが広がったのには自分でも驚きましたが、やはり口コミで広げていただいたことが今日の経験に繋がっているのだと思います。大変ありがたいことに沢山の方が相談に来て下さいました。10～20代の若い世代から60代以上の高年齢層の方まで。この場を借りて御礼申し上げます。

本書を制作するにあたって、どのくらいの方にリピートしていただいているかを振り返ってみましたが、殆どの9割くらいにわたる方がリピートされていたことを、自分でも改めて自覚し感謝いたしております。

リピーターの方から理由を聞いてみると、やはり林さんの言う通りだったからとおっしゃっていただけます。でもそれは単に占いが的中したのではありません。鑑定したその人の、ハイヤーセルフ（高次元から自分を守ってくれる魂）からのギフトを捉え、予測されうる事態にどう立ち向かうかを根気強く、親身にお話しすることを心がけていたからです。そして最終的に相談者ご自身が占いで得たさらなる気づきをきっかけに行動され、得られた結果であると考えております。

まさにそれがタイトルにもある『運命を鍛えること』に繋がっていったのだと思います。

相談される内容は千差万別です。若い方は恋愛や進路・就職が多く、年齢に伴って家族の問題も増えてきます。ここ数年はハラスメント問題に悩む方も増えてきました。

昔は、占いに来られるのは女性というイメージがあり、確かにその通りだったのですが、最近では男性も増えています。占いの起源を辿れば、中国の軍師が占いで作戦を練っていたのですから。性別は特に関係ありません。

私はいつもどんな方であっても常に鑑定には親身に寄り添いたいと思っています。これからもどうぞお気兼ねなく相談にいらして下さい。

なお、私の占いはタロットカードがメインですが、一緒に東洋占術の五行易（サイコロを使った占い）や四柱推命も活用しています。

タロットカードはヨーロッパ由来の占いです。そこに中国由来の占いも混ぜてよいのかと思われそうですが、全く問題ありません。違う占いを組み合わせる占い師は他にもおられます。師匠である木星王もタロットに占星術を組み合わせていました。

どうして種類の異なる占いを組み合わせるかというと、やはり占いによって見えるものが違うからなんですね。人生を長いスパンで占うなら四柱推命の方がわかりやすい、人間関係を見るなら五行易も使った方がより納得感が出る。色々な占いを研究してきた中で、自分なりに辿り着いたのがこの三段構えでした。

向き不向きがありますので、誰しもにお勧めしているわけではありません。ただ使える便利なツールがあるならどんどん活用すればよいと思います。ですからもしタロット以外の占いにも興味を持たれているのなら、どんどん勉強してみて下さい。

タロットも従来のスプレッド（並べ方）にこだわらなくてもいい。自分なりのやり方を見つけて、さらに深く読み解けるようになったなら、その独自の方法を続けていけばいいのです。

そういった占いのニューウェーブ的な方法も本書でお話ししていきます。

あなた独自の『運命の鍛え方』を是非会得していって下さい。

林エリヤ流　タロット占い裏ワザの基本

タロットカードは定位置に並べて占っていくもので、カードのスプレッド（並べ方）については多くの種類があります。まずは定番の一番簡単な方法である『スリースプレッド』を覚えてみましょう。

占うにあたって身構える必要はありませんが、手は洗って清めておきましょう。そしてなるべく座って落ち着ける場所で行うのが望ましいです。照明も少し落として、自分が落ち着ける明るさに調整しましょう。

座る位置は占われる人が北向き（南側）にいるとよいと言われています。これは古来、北極星を目印にして生活していたことに由来します。自分を占うときは自分が北向きに、対面で占うときは占われる相手が北向きになるようにしましょう。ただ部屋のレイアウトを変えてまで方角にこだわる必要はないですよ。

一呼吸おき、テーブルに裏向きのカードを広げ、手で混ぜていきます。これを「シャッフル」といいますが、対面で占っているときは相手の方にシャッフルして貰いましょう。

出来るだけカードを相手の方に触って貰うようにします。このときに何を占いたいのか頭に思い描くのを忘れないで下さいね。

シャッフルしたら一つの束にまとめて、何度かトランプのようにカードを切って下さい。最後に78枚のときはカードを左手で、左から右へ1、2、3と3つの山の束になるよう分けます。その分けた束を今度は逆方向に束の上に重ねていって下さい。3、2、1という風に重ねていきます。大アルカナ22枚で行うときは2つの束で構いません。こうしてカードを入れ替えていく行為を「カット」と言います。

終わったら上の1枚目から6枚目は除

き、7枚目からスタートして、8枚目、9枚目と置きます。7枚目からにしているのは、外気に触れているカードを避けるためです。置いた3枚は左から横に7、8、9枚目の順に並べます。これが左から過去、現在、未来を示すカードとなります。

ここで大事なのは、カードには正位置と逆位置があることです。正位置ならよい意味のカードも、向きが逆になると意味も逆転する。その逆もしかり、悪い意味もよくなる場合があります。

ですから最初の開始する束のときに、どちらを上下（天地）にするかを必ず決めておいて下さい。自分を占うときは自分から見て奥が天、手前が地とします。人を占うときは相手へ向けて逆にされる人もいますが、私は自分を占うときと同じようにしています。絶対というルールはありませんので、最初にしっかり決めていただければ大丈夫です。

では、占いの実践に入っていきましょう。

まずはメインテーマを決めます。最初は大雑把に人生だとか、恋愛、仕事、介護や相続といった大体の内容で構いません。後から焦点を絞っていきますので。

そしてご相談者さんがいる場合は生年月日を確認しましょう。タロットは生年月日で占うことはしませんが、年齢は占いにおいてとても大事な情報の一つです。
そして占いに登場する人たちの情報も整理しましょう。家庭問題なら家族構成、仕事なら会社の人について確認します。そうして人間関係や現状を把握し整理します。これを初めのうちにしておかないと、出たカードが何を指し示しているのかわかりません。明確にすることで冷静になり、物事を客観的に鑑みられるようになります。

全体像を把握したらカードをシャッフルして並べ、結果を読み解いていきましょう。相談内容は大雑把な内容から焦点を絞っていきます。まずは全体像を掴むことが大事。徐々に話を絞り込み具体化していきます。その際イメージが掴めなければ、追加でカードをめくっても構いません。

仕事なら「上司との関係はどうなのか？」「進行しているプロジェクトはあるのか？」、恋愛なら「アプローチしてこられる人はいないか？」「職場に気になる人はいるのか？」という風に、段階を踏んで悩みの本質へと進んでいくのです。

そうして絞り込んでいくと、突如重要人物が現れることがあります。「悪魔」のカードが現れ、「もしかして以前不倫していた人では？」と思いもよらない人物が浮かんだり、

先にそちらのことをクリアにするよう暗示が出たりするのです。

恋愛相談を受けていると相手からの逆質問も多いですね。「明日のデートでどんなアプローチをした方がいい？」とピンポイント過ぎる質問をされることも。大好きな人とのことで夢中になる気持ちもわかります。どんな服を着ればいいか朝からずっと悩みますよね。

でもここで話が飛び過ぎないようご注意。占いの本筋から逸れて、細かい話になってしまい、それを都度占い直していると、その度にカードをシャッフルしなくてはいけなくなってしまう。ちょっと大変ですよね。だからこそ話の本筋を整理しておくことが大事なんです。占うときは冷静さを失わないよう心がけましょう。

占いというのはおみくじと違い、〇か×か一発で出るようなものではありません。**隠れている内面を探りながら、深層をどんどん掘り起こしていくもの。その深層を司（つかさど）る潜在意識というのは5つ～7つの層があると思って下さい。その最下層を探ろうとしているわけですから簡単に答えは出てこないものです。**


皆さん、対面の場合、自分の内面を他人に話すのは誰だって抵抗があります。初対面なら尚更。だからこそ最初はふんわりとしたお話しか出来ないんですよね。占いでは閉じられている心のシャッターを少しずつ開けていく作業が必要です。

いきなり「何で不倫なんてしてるの?!」と問い詰められても、話をしようとは思わないですよね。相手から見える内面を少しずつ紐解いていき、理解を示していくことで、心のシャッターを少しずつ開けてくれるようになります。自分もまた、しかりです。

このシャッターを完全開放して貰わないと、悩みを解決することは出来ません。ですので私は根気強くシャッターを開放してくれるまで問いかけ続けます。

いつシャッターが開くかは当然その人次第。お話を続けていくうちに「聞いて欲しい!!」と思って、シャッターを開けようとしてくれる瞬間が必ず訪れます。そうなった瞬間は表情や目の輝きに表れますので、ふとした瞬間を見逃さずキャッチしましょう。タイミングがピタリと合えば、一気にシャッターを開けて占者を迎え入れてくれます。

カードの結果については、なるべく曖昧なことは言わないようにしています。離婚を迷っている方には、離婚出来るどうか正直にお伝えします。

ただ単刀直入にお伝えするのではなく、今はそういう気持ちがなくても、何年後には凄く離婚したくなる時期が来ますというようにサジェスチョン（暗示）をして、想定される理由をお話ししていきます。旦那さんのマザコンぶりだとか、仕事を退職するかもしれないとか。姑との関係が悪い人なら、露骨ですが「お義母さんがお亡くなりになるまで我慢出来ますか？」と伺います。

言い辛いことでもカードを理由にしてはっきり言うと、案外納得される方が多いのです。カードの結果は宇宙の神様からのメッセージ、ハイヤーセルフと繋がったことで見えた結果です。人に言われるとカチンとくるような内容でも、占いの結果という事実でしかなく、心にすとんと落ちるのです。後はその方が結果を聞いてどう咀嚼（そしゃく）されるか次第です。

最初から占いを信じる人はそう多くありません。ですがそれでも私は結果を信じて、よりよい幸せへの道しるべとして、根気よくお伝えするのが、フォーチュンテラーとしての使命だと思っています。

一つ皆さんにご注意。多くの人を占っていると、いい話ばかりではなく、深い妬みや憎しみなど、負の感情に満ちたお話を聞き続けることもあります。知らぬ間に引きずられ、自分自身が滅入ってしまい、酷いときには寝込んでしまうことも。

ドライと思われるかもしれませんが、お相手の情報と自分の身を守るためにも、聞いた話は一旦リセットすることも大切です。ご相談された内容を自分事にはしないよう、占いを終えたら潔くさっぱりクリアモードにしましょう。

そんなことをしたら、次にまた同じ相談者から話を聞くときに失礼があると思われるかもしれませんが、案外話をしているうちに思い出すものです。そして常に先入観なく、白紙の状態から占っていくようにします。だからずっとその話を手に持っておくのではなく、頭の中の引き出しにしまって鍵をかけておいて下さい。

タロット占いの「裏技」7選

「タロットカードを買ったあとはどうするの？」
「本当に自分の運命がわかるの？」
この章では、基本的な疑問へのお答えや
目に見えないハイヤーセルフ
（高次元から自分を守ってくれる守護魂）との
繋がり方まで、
占いの形式にこだわらない林エリヤ流の
裏ワザをたっぷりご紹介します。

スプレッドは1枚からでもOK

タロットカードは全部で78枚。それをあらかじめ決められたスプレッド（並べ方）に従って並べ、めくったカードの出方を見て占います。これが基本なのですが、一枚からでもOKと言うと、このお話をするとそれが元も子もなくなってしまうかもしれませんね。でもタロットは、まず気軽に使っていただくことが大事だと考えています。だから普段使いをするのに、かしこまって何枚も並べる必要はありません。おみくじのように毎日一枚めくってみる。それだけでもいいんです。

これからスポーツの試合や裁判があるなんてときには、悠長なことも言っていられないので、ぱっとめくってしまいたいものです。

だから普段から大アルカナ22枚だけでも持ち歩いて、鞄から1枚さっと引いてみて下さい。「太陽」が出たら万事大丈夫、「悪魔」が出たら慎重に立ち向かうという風に。心の準備をこうして行っていきましょう。

プロはやはりカードを全て使って、きめ細かくカードを見ていきます。けれど、プロだって一般の方だって、日常において占うときは、ぱっと引いたカードを見るだけでいいんですね。

ちなみに、ふと目に入ったカードや、不意に1枚落ちたカード、これらが今後の命運に関わるなんていう考え方もあります。たかがカード1枚、されど運命を決めるかもしれない大事な1枚です。

何よりシンプルなスプレッドを使いこなしていくことで、占いの解釈も上達していきます。そうして培(つちか)われたものは、後々枚数を増やして占ったとしても、ちゃんと活きてくるのです。

人間関係や恋愛を占うときには、確かに枚数を使う方が因果関係をしっかり見ることが出来ます。それにはやはり簡単なスプレッドで占いの数をこなし、先にカードの解釈を深めておく方が、より精度の高い結果を得られるようになります。

ですからどちらかを選ぶような場合なら2枚並べるだけでいい。もう少しどんな状況かを見たいときは、基本でご紹介したスリースプレッドで現在、過去、未来と3枚並べる。

このくらいで結構です。

また回を重ねていくことによって、占う内容もどんどん範囲が狭まって明確になっていきます。

漠然と占っても、漠然とした結果しか現れません。最初のうちはそれでも構わないんです。でも漠然としたまま終わってしまわないように。

とにかく何を占うか明確にすること。何を占うのかポイントを絞り込んでいきましょう。占う内容が鋭利であればあるほど、現れる結果も鋭く、明確な答えが現れてくれるでしょう。

今年の運気はどうか、次に春の運気はどうか、仕事はどうか、上司との関係はどうか。占いながらどんどん絞り込んでいきます。

何枚もカードを並べていると、読み解くのに時間がかかってしまいますが、少ない枚数なら解釈もシンプルになり、テンポよく占っていけるでしょう。

また、納得出来ない結果や、捉え方のよくわからない結果が出たときには、並べ方など気にせず、とりあえずもう1枚追加でめくってみて下さい。形から外れてしまって大丈夫かと思われてしまうかもしれませんが、大丈夫です。

今めくったカードに聞きたいことが、しっかりあなたの心に明確にあるなら、カードは答えてくれます。
占いの回数を重ねて解釈を深め、あなたなりのタロット占いを作り上げてみて下さい。

相談者の心には見えないシャッターがあり、最初は当然閉まっています。それを開けて貰うためには、相手から少しでも信用して貰わなければなりません。
つまりは占いを的中させる、あなたはこういう人ではないですかと言い当てる必要があるわけですが、相手を見てカードの的確な解釈が必要になります。

占いが的中するというのは、勝手に的中しているわけではなく、相手のことを深くイメージし、ハイヤーセルフと繋がる。そしてカードの意味しているところは何かを解釈する。そのためには、自分の中に解釈の引き出しを沢山持っておかなければなりません。

相談されて「女司祭」のカードが出たからといって、必ずその人はインテリな女性かといえば、そうではありませんよね。例えそうだったとしても言葉の選び方は重要です。

自分で自分のことを占うときは気にならないかもしれませんが、相手のことを占うときに、解釈の伝え方については気をつけた方がよいですし、伝え方の上手さは回を重ねることによって熟練されていくものです。

また、人に伝えることによって理解も深まります。

そうして相手との理解を深めていき、相手が心のシャッターを開けてくれたなら、その鑑定の経験があなた自身の成功体験となって、あなたの自信に繋がっていくでしょう。そうすれば占いがもっと楽しくなっていきますよ。

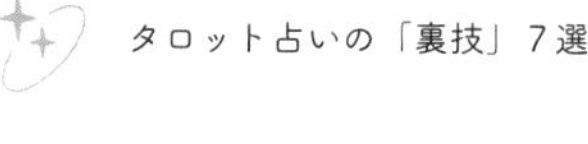

裏ワザ 2

占いは納得出来るまで繰り返せばいい

占いでは、一つのことに対し一回しか占ってはいけないと思われるかもしれません。これは占う人によって考えが異なり、私は納得するまで何度でも占えばいいと考えています。

何だか悪い結果が出てしまってお先真っ暗、落ち込んだ気分のまま眠って次の日を迎えるより、少しでもいい結果を出してぐっすり眠れる方がよいと思いませんか？

理由はそれだけでなく、自分の本音がまだ見えていないから、もっと深掘りをした方がいいということもあります。自分自身のことであっても、本当は何に悩んでいるのか簡単には真意を掴めないものなのです。

そういうときには繰り返し問いかけてみる必要があります。

とはいえ、占ってみたけれどまた同じ結果が出た、何回繰り返しても同じだった、そういうこともあります。でもそれこそが重要な暗示なんです。何度も出る結果についてもっと深掘りをした方がいいのだと解釈します。

最初いい結果が出て、「本当かな?」と思って、念のためもう一回やってみる。それも大事なことです。二回目もあっさりよい結果が出たなら、願っていたことは上手くいくということなんです。

逆に悪い結果が何度も出てしまうと、どうしても落ち込んでしまいがちですが、どうにかこらえて深掘りをしてみましょう。

何をどうしても恋人と別れるという結果が出るなら、そもそも今の相手は関係を続けるべき人なのかどうか、その人の周囲や過去を深掘りしてみる。あるいは次の出会いがあるから別れるということなのかもしれない。だったらもう少し先の未来を占ってみましょう。

これらの気づきは、一度きりの占いでは見落としていたかもしれず、悪い結果に囚われながら時を過ごしてしまいかねません。

新しい気づきを得て行動することによって、あなたの運命はよりよいものに変わっていくのです。

また、一つ違うやり方として、出てきて欲しいカードを決め、そのカードが出るまで占うという方法もあります。例えばプロジェクト達成を占うなら、成功を意味する太陽のカードが出てくるまでを占ってみればいいと思います。

見方としては、一発で出てきてくれるかどうかというのではなく、目的のカードが出るまでのプロセスを読み解いて下さい。特に何回も繰り返す場合は、しっかりメモして解釈するようにしましょう。

ずっと苦しいカードが出続けるのか、敵ばかりなのか、協力者はいないのか。目的達成までにどのくらいの苦難があるのか。ふと気になったカードはなかったか。やけに目に付くカードは意外と重要な意味を持つことがあります。

そういったカードを通じて伝えられるハイヤーセルフのメッセージから、気づきを得る意識を忘れないで下さい。望まないカードが出たとしても、意味をちゃんと考えておかないと、後で望むカードが出てきても誤った解釈をしてしまいかねません。

ただ、慣れないうちはタロットを見ても、解釈に悩むことは大いにあります。本書や指南書を読んでいただくのもいいですが、もう一枚追加でめくってみて下さい。そうするこ

とでより解釈が深まることがあります。この方法も何度占っていいという考えと同じことです。

繰り返しますが、形式通りに占うのが大事なのではなく、ハイヤーセルフのメッセージを見逃さないこと、気づきを得ることが大事なのです。

わからないときは、ヒントを下さいと願いながら、もう一枚めくって助言をいただきましょう。

私が何度でも占えばいいと思うのは、必ず希望を見出したいからなんです。

日々生きていると、辛いことや悲しいことが沢山あります。でも100％絶望的な状況ではない。目の前は真っ黒に染まっているようで、どこかに白い光の点があるのです。それを見逃さないためにも、何度も占って希望を導き出したい。

「死神」や「塔」という不吉なカードが出ても、その一枚だけでわかることなんて、たかが知れています。カードの意味もよく見てみて下さい。

「死神」には物事が終わるという意味がありますが、リセットして最初に戻るという意味もあります。捉え方次第で解釈は全く変わるんです。ちゃんと希望が見えるまで占って、死神が伝えようとしていることは何なのか、諦めずカードに問いかけ続けて下さい。

そうすると自分の思う結果が出るまで、とにかく粘り強く占いを続けてしまう人もいるかもしれませんが、悪いことではないと思います。その強い思いを蔑ろ(ないがしろ)にせず、望む結果へ進むためにはどうしたらいいいか、じっくりカードと一緒に考えていきましょう。

それが自分の内面にある思いを見つめ直し、新たな未来を見つけることに繋がります。

ただここで一つ注意をしていただきたいのが、何回でもとはいうものの、プロの占い師にお願いすると当然お金がかかります。その出費を促しているわけではないことを、どうかご理解下さい。

年の初めに「今年はどんな年になりますか?」と毎年鑑定に来られる方がおられます。これならば全く問題ありません。新たな気持ちで新年を迎えるためにもよいことだと思います。

ですが同じようなご相談で毎週のように鑑定に来られるのはお勧めしていません。なぜなら、一週間くらいでは余程のことがない限り、さほど変わりがないからです。

もっと大変なのは、占いに依存してしまい、どんどんお金をかけて繰り返してしまう人が少なからずおられるということです。占いにお金をかけ過ぎて、クレジットカードが利用停止の状態になってしまっている人も何度となく見てまいりました。

または本当に全く見込みのない恋愛に対して、自分が成就する結果が出るまで何度も有料で占ってしまう人もいます。相手が既に結婚を予定していたり、不倫関係だったり、結果は目に見えているのに、執着心で何度も何度も占い続けてしまう。

それらは私としては望まざる状況です。依存状態にあると思った方にはもう来なくて大丈夫ですよ、とはっきりお伝えしております。

この状況に陥ってしまうと、都合の悪い結果に対して、カードが裏切ったと思ってしまいかねません。カードは裏切りもしないし、基本的にあなたの味方です。ですが占いの結

果をどう解釈するのか、最終的に考え、行き先を決めるのは結局、自分自身であるのを忘れないで欲しいです。

中には色んな占いを渡り歩いてしまう人もおられます。そのこと自体は悪いことではありません。様々な意見を聞くことで見えてくることもあるでしょう。ただそれも結局、最終的な結論を出すのは自分自身となります。

だったら……と私は思うのです。皆さんがご自身でタロット占いを覚えて何回でも占ってみて欲しいと。自身で体感することで見える世界が本当に沢山あると思いますよ。

タロットのコツを掴んでいくと、ハイヤーセルフが真に伝えようとしているメッセージがどんどん掴めるようになっていきます。そしてこんなにわかりやすく伝えてくれるなんて、タロットってなんて便利なツールなんだろうと思えるでしょう。

是非、タロットを恐れずに、気軽にチャレンジしてみて下さい。

裏ワザ 3

タロットカードを育てよう

私が本書を出版するにあたって願っているのは、読んでくださった方に占いをもっと身近なものに感じて欲しいということです。

占いにおけるスピリチュアルなものに対して、非現実的な超常現象や魔法のようなものを想像されることが多いですが、実際は人間誰しもに備わっている直感や、それにもとづいた予知能力を引き出しているに過ぎません。

霊感や霊視といった不思議な力で占うものと思われる方もいますが、少なくとも私はそうではありません。

全ては元々あなたの中にあった潜在能力であり、占いは深層にあるあなた自身を引き出すための手段なのです。

占いには様々な種類がありますが、中でもタロットカードは敷居が低く、解釈も比較的わかりやすいツールです。大きな水晶玉を買うのは大変ですが、タロットカードは本屋さんに行けばすぐ手に入ります。

こんな身近にハイヤーセルフと繋がる手段があるだなんて、なんて便利な世の中なんだろうと思ってしまいます。

では、タロットカードを手に入れた後、そのカードをどうしておいたらいいと思いますか？

部屋の中で引き出しやケースといった誰も触らないような場所に、大事にしまっておいた方がいいのか。それとも本棚のような見える場所に置いておいてもいいのか。

実は、特に決まりがありません。だから私は常に持ち歩いています。

あなたが手に入れたそのカードは、この先あなたの人生を教えてくれる大事なカードとなります。**カードはあなたの分身、いわば『運命共同体』なのです。カードを持ち歩くことで、タロットカードとあなたのハイヤーセルフが繋がりやすくなるのです。**

あなたが人生の岐路に立つとき、それは部屋の中だけとは限りません。その瞬間にはカードも共にあって欲しい。そのためには常にカバンやポケットに入れて持ち歩くのがいいと、私は思っています。

とはいえ、78枚全てのカードを持ち歩くのはちょっと大変ですよね。ですので、持ち歩くときは大アルカナの22枚だけで構いません。

でも一般的に本屋さんなどで販売されているタロットカードは大きなカードが多いです。トランプに比べると一回りくらい大きく、中にはポストカードのようなサイズまであります。だから22枚だけでも持ち歩きましょうと言われても躊躇(ためら)いますよね。

その点、私が使っている「フォルトゥーナタロット」ですとトランプのサイズに近く、一般的な名刺ケースにも収まります。これなら普段から手軽に持ち歩けそうでしょう？　名刺ケースなら色々なデザインがありますから、自分好みのケースに入れておくのもいいと思います。

タロットカードを持ち歩いていても、外では使わないから無意味と思われるかもしれません。確かに使う場所を選びますよね。ふらりと入ったカフェで、隣のお客さんが突然22枚のタロットカードをテーブルいっぱいに広げ始めたら、正直びっくりしてしまいます。

でも、その中の3枚だけだったらどうでしょう？　カバンの中に忍ばせておいた22枚のカードから、そっと3枚だけ。それこそ、名刺を確かめるような感覚でさり気なく取り出

してみる。このくらいなら人目を気にせず出来そうですよね。

商談に行く前、病院に行く前、もしくはデートに行く前、この後自分がどうなるか気になります。そんなときには鞄にしまっておいたカードの中から、3枚だけ選んでみるのです。これだけでもいいか悪いか程度なら見ることが出来ます。

こうして気軽に、タロットカードの『普段使い』をしたって構わないのです。

そもそも占いと聞くと、黒や紫色のカーテンに囲まれたミステリアスな空間で、仕切られた場所でやるものというイメージを多く持たれていると思います。それもそうですよね。プライバシーに踏み込んだお話も伺いますので、占い師に頼むならそうなります。でも自分だけで占うなら、わざわざ暗い個室なんて用意する必要はありません。

また、占い師に対するイメージも、紫色のローブを羽織り、神秘的なアミュレットを身に付けた姿を想像されるかもしれません。それは占い師の雰囲気作りとしては大事なことですが、あくまで雰囲気作り。実際タロットカードを扱う上では、そんな形式張ったことは必要ないんです。

タロットカードを旅のお供として考えるのもいいですね。私は以前、北海道に行く特急列車の中で、ずっとタロット占いをしていました。何せ2時間以上も列車に揺られているわけですから、この時間を占いに使わない手はありません。

ふと気になったことをタロットで見る感覚は、気になったことをスマートフォンで検索する感覚にもしかしたら似ているのかも。

元々タロットとは、古来よりジプシーが使っていたものでした。旅暮らしをするジプシーたちが食べ物のある場所や、雨露を凌（しの）げる場所を予知するため用いたのが始まりだと言われています。

そう思うと、スマートフォンで地図アプリを見て目的地にたどり着く現代人とも、どこか重なる部分がありませんか？

そうして常に持ち歩き、手にしていると、物には愛着が湧いてきます。

普段使っているアクセサリーや仕事道具を手にすると、心が落ち着くことはありませんか？　時計やペンに眼鏡、板前さんの包丁もそうですね。

逆に日頃と違うものを使ってしまうとなんだか不安になってしまって、いつもの調子が出なくなるなんてことも。

生活や仕事を常に共にしているうちに、それは手放せない愛用品となっていきます。無機質な物であっても愛着が湧いてくるのです。

これがタロットカードを持つ上で大事なことなのです。ただの印刷された紙であっても、使い続けていくうちに馴染み、自分の思いも伝わっていきます。そして色々な運命を共に見ていくことで、持ち主の思いもよらない運命を知らせてくれることもあります。

例えば、ずっと使い続けていた愛用品が、まるで虫の知らせのように突然壊れるという話があります。さっきまで正常に動いていた時計が突然止まってしまう、あるいは使い続けていたペンが突然折れてしまう。

その直後、身内の不幸が知らされたり、実は仕事で大きな事態が生じていたりと、思わぬ現実と重なることがあります。

これと同じことがタロットカードにも言えます。ふと引いた1枚のカードが、思わぬ知らせを伝えてくれることが……。

もちろん悪い知らせばかりではありません。自分がこうありたいと思うカードに常に触れ、意識していると、まるでそのカードがあなたを導くように現れることがあります。

そういった瞬間にこそ決断や行動をすれば、事態は上手く進むかもしれません。

タロットカードと日々付き合い、結果に一喜一憂する。その様は、まるで日々成長し、一人歩きしていく子どもを見ているようでもあります。そう思うとなんだかこのカードが可愛く、愛おしく見えてくるのです。

こうしてタロットカードを育て、タロットカードと共に生きてみて下さい。そうすればきっと、あなたの思いにカードが応えてくれるようになります。

裏ワザ 4

タロットと生活

ヨーロッパで生まれたタロットカードは中世の頃に発達し、学術的な解釈も進められていきました。ですが私は、タロットとはやはり偶然性を活かした占いであり、そうしてインスピレーションを引き出すためのものだと考えています。

何のカードが出てくるかは誰にもわかりません。しかし引き寄せの法則というのがあるもので、常にポジティブなことを考え、願っていれば、そういう結果が現れるようになっていきます。

言葉で言うのは簡単ですが、常にポジティブでいるというのは案外難しいものです。生きていれば不安なことは沢山ありますよね。でも誰だって不安というのはあって当然のものなんです。

だから不安があるということ自体は恐れずに、ただ押し潰されはしないよう、運命を味方につけて欲しい。そのためにもタロットと共に生活をしてみて下さい。

一体どういうことかというと、例えばお守りやアミュレットと同じです。不安なとき、強く願うとき、お守りを手に祈ることがありますよね。そのお守りだってハイヤーセルフと繋がる一つのアイテムです。

困難が立ちはだかるとき、考える人が自分一人だったらとても苦しくありませんか？タロットはそんなときに寄り添ってくれるものでもあります。

お守りには問いかけても中々答えてはくれませんが、タロットなら問いかけに対して答えてくれます。だってその先には、誰よりもあなたの味方であるハイヤーセルフがいるのですから。

裏ワザ「タロットカードを育てよう」でもお話ししたように、普段からタロットと共にあれば、いつだってハイヤーセルフに問いかけることは可能です。あなたのそばには見えない味方が常にいるのだと思って下さい。

そしてカードはお守りでもあり、あなたの道しるべにもなります。

カードの中でも最高峰と言われている「世界」のカードを見てみて下さい。このカードは「力強さ」「完成」「不可能を可能にする」といった素晴らしい意味を沢山持っています。

この最強のカードを常に身につけておく……といっても実際のカードを持ち歩くのではなく、スマホの待ち受けにしておく。カードのコピーや写真、イラストを持ち歩くのでも構いません。お財布や手帳に忍ばせておくのがいいですね。

タロットカード自体を1枚だけ抜き出して持ち歩くのは、カードの欠落になるのであまり推奨していません。でも占い用のカードを別でもう一組持っているのなら、カードそのものを持ち歩くのでも構わないと思います。

「世界」のカードを常に意識しながら生活をしていくと、自然とそれこそ無意識のうちに「世界」のように生きていこうと、行動していくようになっていきます。

するとお守りとしているカードが現れ、あなたを導いてくれるようになります。自分の象徴とするカードを決めておくという意味でも大事なことですね（これは後ほどの裏ワザでもお話しします）。

カードにはあらかじめ決められた意味がありますが、説明書にある意味だけに縛られる必要はありません。何でしたら「死神」をお守りとしたって構わないのです。

通常、スプレッドを展開して「死神」のカードが出てきたら、悪い結果が出てしまったとガッカリされてしまうことでしょう。ですが「死神」をお守りとするなら、「私はこの死神のようにかっこよく生きていけばいいんだ！」「悪縁切りをするんだ」という解釈をしたっていいんですね。

死神の鎌は首を切り落とすものではなく、あなたを苦しめている鎖を断ち切る武器にだって成り変わります。出てきたカードを『結果』とみるのか、『象徴』とみるのか、それは占うあなたの自由です。

まずはあなたがかっこいい、素敵、可愛いと思えるようなカードを選んでみてはどうでしょうか？

タロットを生活の一部にすることによって、自分なりの向き合い方を見つけ出していけばいいと思います。


占いというものには、信じるか信じないかという葛藤が必ずあります。

繰り返しますが、占いの通りに生きるのが大事なのではなく、占いを通じてハイヤーセルフと共に生きていく。自分の深層心理と対話しながら生きていくのが大事なことなんです。

対話を続けていくことで、自分の生き方、行動、思想といったものがよりよく、鍛錬されたものになっていくことでしょう。

そうした生活を続けていくと、日常におけるギフト（気づき）も多くなっていきます。ギフトが増えていくと、タロットからもっと沢山のメッセージを受け取れるようになりますよ。

時折、思いもよらないメッセージを受け取れることだってあります。占っていたら突然頭の中に色が浮かび上がる。緑色だったので、連想出来るものは何でしょう。樹木、山、自然豊かな公園、畑、色々あります。思い当たる節はないか相談者に尋ねてみれば、次の異動先は周囲を森に囲まれた場所でした、なんてことが。

こういったインスピレーションは、本当に突然降ってくるもので、経験を積んでいけば、降りてくる回数も増えていきます。

そのインスピレーションが、いずれあなた自身を助けてくれることにもなります。


人はどん底の状況に追いやられると、何もかもお先真っ暗、世界は黒一面に見えてしまいます。一方で幸せなときには、光り輝いて一面真っ白な世界に見えるでしょう。

ですがそのどちらも、完全な一色に染まっているわけではありません。真っ暗なときにはどこかに小さな白い点のような光の兆しが、逆に真っ白なときには小さな黒い点のような澱(よど)みがあるものです。

特にこの黒い点を見過ごしてしまうと、折角得られた幸せが失われかねません。逆に絶望的な状況であっても、少しでも希望があれば逆転することだってある。ただしそのチャンスを見過ごさなければ。

そのためにも**ギフトを得る力というのを、日常生活から培(つちか)っていただきたいのです。**

たった一つの些細な気づきがあっただけで、財産を喪失する危機を免れたり、命の危機から脱したりすることだってあります。

ちょっと重い話になってしまいましたので、もう少し日常的なお悩みに例えてみます。やけに辛く当たってくる上司や先生がいたとしたら、その人に何があったのだろうかと占ってみて下さい。

そうしたら、やけにポジティブなカードが現れる。これは憎くてそういう態度をとっているわけじゃないかもしれない。もしかすると虫の居所が悪かったのかもしれない。またそういうことがあったらこちらから優しく接してみよう、なんて考えを切り替えてみるのです。

実際の理由はそうではなかったとしても、こちらから前向きな態度を取ったことで、マイナスの感情を増長させる人は少ないと思います。逆効果だったとしても、気にする必要はありませんよ。

大事なのはそうして気持ちを切り替えるということ。都合のよい解釈だとしても構わないんです。

それを実践出来たことによって、物事がプラスに転じた人が本当に何人もおられます。そういった気づき、ギフトをタロットから是非、沢山得ていただきたいです。

裏ワザ 5

怖いカードが出ても恐れないで!

本書でも紹介しているように、タロットカードには一枚一枚に重要な意味が込められています。それはよいものから悪いものまで。

「太陽」や「世界」のように、現れたらそれだけでほぼ勝ちのようなカードもあれば、「悪魔」や「塔」のように苦難を暗示するカードもあります。そういった不穏なカードが出てきたら、どうしても怯えてしまいますし、落ち込んでしまいがちです。

ですが、そこで「ああ、ダメなんだなあ」と思ったまま、終わってしまわないで欲しいのです。

前述の裏ワザにもあるように、いい結果が出るまでタロットは何度だって占って構いません。ただ、何度も占うことで、カードが伝えようとしていることは何なのかを、ちゃんと『深掘り』することが大切です。

「塔」のカードは建物が崩れる絵からして、一見絶望的な状況に見えます。でもこれには既成概念を壊す、劇的な変化をもたらすというような革新的な意味もあります。

結婚について占ったときに「塔」が出て来たら、てっきりこの結婚は破談するか、不幸な結果になるのだと絶望し落ち込まれてしまうかもしれません。

例えば実際そういう結果を暗示しているのだとして、それは本当に『絶望的』と言える結果なのでしょうか？　もしかしてやめてよかった結婚だったのでは？

結婚してから夫のハラスメント気質を知る人は少なくありません。結婚前に「塔」のカードが現れたら、相手を見直すいい機会だと思って相手の本質を改めて確かめてみましょう。婚姻届も出して、式も済ませてから、やっぱりダメだったと思っても、解消するのは思いの外大変です。

もし何も知らずにいたら、そこに穴があることすら気付かずどん底にまで落ちてしまう。でも知っていれば対処出来ることがあります。穴の場所がわかれば避ければいいですし、穴には落ちたとしても、心構えがあればすぐに這い上がって来られるかもしれませんよ。

美容院へ行く予定だった日の朝に、「塔」が出てしまったから、怖いから美容院に行くのは止めました。そうしたら帰る予定の時間にゲリラ豪雨が！　もし予定通り美容院へ行っていたなら、折角セットした髪の毛が豪雨でめちゃくちゃなことになっていたでしょう。こんなときには、恐ろしい「塔」のカードであっても感謝するしかないですよね。

占いと共に生活し、日常的にタロット占いを繰り返していけば、悪いと思っていたカードでも、決して不幸を暗示するだけの存在ではないと、体感してわかっていくでしょう。そういった結果を蓄積し培っていくことで、占いというものは洗練されていいきます。

だから大丈夫です。悪いカードだからといって怯えて避けず、ちゃんと向き合ってみて下さい。「それって、自分に都合のいい解釈をしているだけでは？」と思われるかもしれませんが、それでいいんです。

私はガチガチな形式に捉われるよりも、もっと親しみを持ってタロットに触れて欲しい。だからまずは楽観的でも悲観的でもいいので、何回でも繰り返して色々な解釈をして下さい。そして結果を振り返るのを忘れないこと。そうやってカードに馴染んで、気づきを得ていきましょう。

心理療法の一つに「認知行動療法」という療法があります。自然とネガティブに考えてしまったことを、実はこうかもしれないと違う思考に置き換えてみることで、気持ちを切り替えていく療法です。この考えにも似ているかもしれません。

ただ、方法としてはわかっていても、どう切り替えればいいのか思いつかないことだってあります。そんなときにはタロットを使って、ハイヤーセルフに聞いてみましょう。

なーんだ、そういうことだったのかと、落ち込んでいた気持ちを、意外とあっさり切り替えてくれるかもしれません。

突然、大事な人の病気やご不幸を聞いたとしても、カードが暗示していたのはこれだったのかと知っておくと、ショックはショックですが幾分冷静さを保てるかもしれません。そうして、病気について調べてみようとか、ご家族との時間を大事にしようとか、普段考えなかったことを考えられるかもしれません。そういった一見些細に見える行動こそ、あなたの未来をよりよいものに変えてくれるのです。

とはいえ、簡単には切り替えられない、本当に絶望的な展開が訪れることも、人生長いですから誰にだって有り得ます。

でも**不幸が一生続くということはほぼありません。人生も体調のバイオリズムと同じで、いいこともあれば悪いこともある。『一陽来復』という言葉もあるように、日が落ちた後には必ず日が昇る、凶事の後に吉事がやってくる。逆に絶頂期にいれば、いつかその頂点から下りる日も来るのです。**

だからよいカードが出てきたとしても、満足のいく解釈が出来るというだけで、大吉や大成功の結果が約束されているというわけではありません。

幸せの中にあっても何を大切にして、何に気をつければいいのか、カードに隠されてい

る裏がないかも気をつけて下さい。どんな種類の成功や幸福に着地出来るのか、ちゃんと頭に思い描いておきましょう。

悪いカードが出たって悲観はせずに、今ある状況を見極めるきっかけにして下さい。どれだけどん底にいたとしても、Ｖの字に上り調子となって回復するときが来ます。

今がそのターニングポイントなのかどうか、まだ先なのか、状況を知るだけでも行動のヒントになります。そして出来るだけ前向きに考えるのを忘れないで。そこでもう終わりだと止まってしまうと、どん底のまま埋もれてしまいかねません。

底なしのどん底なんてありませんから、被害を最小限に止めるために先に行動する。どうやって這い上がるかを考えておきましょう。それがないのとあるのとでは心構えが全く変わります。

どん底だと思う今は鍛造（たんぞう）の時期、鉄を鍛える時期なのです。鉄は叩いて強くなります。そしてどん底を生き永らえられたなら、色々失った物はあっても、残ったものの大事さに気づけるでしょう。何か得るものが一つでもあったなら、それだけでも凄いことです。あなたにとって必ず大きな力になります

その繰り返しで心は鉄のように強くなっていきます。どんどん強くして、運命に立ち向

かえる心を鍛えていきましょう。そう、運命は鍛えられるのです。

悪い結果が出たら怖いから、未来を占うのは嫌だとおっしゃられる方もいます。気持ちはわかります。悪い出来事が待ち構えていると思いながら生きていくのはしんどいですよね。

結果に怯えられてしまうもう一つの理由として、時折、占いに従わないと不幸が起きるという言い方や、脅しのように占いの結果を伝えられる場合がある。これこそ私はよくないことだと思っています。

従わないから不幸が起きたのではなく、気づきがあっても何もしなかったからよくもならなかったんですね。

従っていても占いの通りにならないことなんて沢山あります。それを占いのせいとして、物事の本質から目を逸らしてしまうことを私は一番恐れています。

占いで得たヒントをきっかけに、何があっても自分で人生を切り開こうとしていくことが重要なのです。常日頃から本音と向き合って、本当にやりたいことは何か、大事なことは何か、フラットな目線で考えてみて下さい。

何度も言うように、人生は起伏の繰り返しです。どれだけ不幸だと思うことがあっても、あなたの長い人生の中においてはほんの一部でしかありません。

どうしようもない悪い結果が出てしまっても、夜明け前の一番暗いときにいるのだと思いましょう。そして明けない夜はありません。輝かしい太陽が昇るとき、何もせずに眠っているよりも、照らされた世界を見渡して、新たな道を進み出して下さい。

裏ワザ 6

スプレッドの前後左右を注視しよう

タロットカード占いのスプレッド（並べ方）には色々な種類があります。本書ではスタンダードなスリースプレッドを最初にご紹介しましたが、他にもヘキサグラムやケルト十字といった種類があります。

何を占うかによってどのスプレッドを用いるかは変わってきます。でもスプレッドの種類を沢山覚えることは、そこまで重要なことではありません。これまでにもお伝えしている通り、占いとは自由でいいのです。

スプレッドは従来の形にこだわらなくてもよい。いっそ自分で生み出したって構わないんです。

ただ、どの位置が何を示すカードなのか、それは最初に自分の中できちんと決めておきましょう。そうしておかなければ、結局何を占っているのか彷徨（さまよ）ってしまうことになります。

それこそ家のレイアウトと同じです。部屋の使い方や家具の置き場所は自由に決めていいけれど、決めた使い方以外のことをしたら混乱してしまいます。寝室に野菜を置かれてしまっては困りますよね。

タロットカードの並べ方における基本として、縦に並べたときには、上から表層部分、下へ向けて深層部分になるという考え方をします。そして横の並びが時系列となり、左から右へ、過去、現在、未来と見ていきます。

この基本さえ押さえておけば、後はどのように応用するかはあなたの自由。並べ方も自分がやりやすいように並べればいいですし、枚数も好きなだけ使えばいいのです。

ここで、78枚全てのカードを使うときによく用いる、私の手法を紹介します。

7枚を横一列に並べて、それを上から4段、合計28枚のカードをまるで4階建てのマンションのように並べます。大アルカナ22枚のときは一段3枚で並べ、2段組みで構いません。ちょっと小さなアパートを建ててみましょう。

このように並べて、スリースプレッドと同じように真ん中の列を現在とします。ですので左が過去、右が未来ですね。そして上下の段は表層と深層。例えば人の気持ちを占ってみた場合には、一番上の段は建前、一番下の段が本音ということですね。

基本に則っただけの、とても単純な並べ方です。でも時間と人間の心の内側をとてもわかりやすく網羅出来ていると思っています。

従来のやり方に沿っていくことも大事なことです。いきなり自分のやり方を見つけるよりは、まずは指南書にあるやり方を覚えていくのは何も間違っていません。絵を習う人もまずは模写からと言います。

そうしてタロットカードに慣れていくと、従来のスプレッドだけでは物足りなくなってくることがあります。かといってまたシャッフルして並べ直すのは面倒ですよね。そうしてやり方を模索していく中で、私が辿り着いたのがこの4階建てマンションでした。

私は4階建てで占うことが多いですが、2階建てでも3階建てでも問題ありません。占われる登場人物たちは住人みたいなものです。その人数に応じて大きさを変えてみればいいんです。

だから部屋数を自由に増減したって構わない。占っていくうちに登場人物が増えてきたので部屋を増やしましょうと、段や列を増やせばいいんですね。

時系列と、表層と深層を見る、占いの基本をしっかり押さえておけば彷徨いません。やり方は自分なりにアレンジをどんどん加えて大丈夫。従来のやり方に捉われて、曖昧な答えで終わってしまうくらいなら、どんどん広げてしまいましょう。

不思議なことに、どんな並べ方をしても、カードはカード同士でちゃんと引き寄せてくれるものです。タロットカードには、見えない波動のようなものが出ているのではないかと思うことがあります。

何も意図せずシャッフルし、めくっているように見えても、上下左右の隣接したカード同士は理屈を抜きにして影響し合います。そして相談者とも波動が繋がり、さらに深く読み解いていくと深層が見えてくる。それがタロットの面白いところです。

その波動は途切れることはありません。悪いカードが出たとしても、周囲のカードを見て下さい。引き寄せられたカードが、本当に知るべきことは何かを伝えてくれている筈です。未来を読み解くヒントが現れていませんか？

大きな病気を患ってしまい、占うと「死神」や「悪魔」のカードが出てしまった。もう自分はダメかもしれないと思ってしまいがちです。でも周囲のカードに目を配ってみて下さい。「審判」のカードが、本当にその病院でいいのか問いかけていませんか？「戦車」のカードが、手術に迷う気持ちを後押ししてくれていませんか？

一回目の占いでよい結果が出なくても、もう一度。一度と言わず何度でも占ってみて下さい。そうしてあなたが望むカードがやっと現れたとき、これまでに出て来たカードのことを振り返ってみましょう。

絶望的な状況にあるとき、この絶望がいつまで続くか見えないことで、さらに不安を煽られます。そんなときこそ一息おいて、カードが何を伝えているのかをじっくり読み解いてみましょう。

カードが伝えているのは、あなたの絶対的な味方であるハイヤーセルフのメッセージです。どれだけ大きな絶望にも終わりがある、つまりは希望があることを教えてくれます。希望に向かって油断せず、慎重に立ち向かっていけば、苦しみを乗り越えられます。

占いでは未来を見ることが多いですが、逆に過去を見つめ直す機会を与えてくれることもあります。これも周囲のカードから見えてくるものです。

何を占っていても、いつも近くに付いてくるカードがある。「隠者」だったり、「女帝」だったり。人によってそれぞれ、何かを象徴するように現れるカードがある。

あなたの人生に必ず付いてくるこの因縁は何なのか。そういうときは一度、過去を占ってみて下さい。あなた自身が心の奥底に沈めてしまったものを、カードが教えてくれるでしょう。

過去には悔やむような出来事もあるでしょう。もしかしたらずっと目を逸らし続けたい辛い現実かもしれません。もしそれが大きな過ちであったなら、どれだけ切り離し、忘れたことにしても、報いという形で降りかかってきます。

恋人を巡って誰かを陥れたことはなかったか、仕事で法を犯すようなことをしていなかったか、子どもに酷い虐待をしていなかったか……。思い当たる節があるなら、まずその過去の過ちを清算するところから始めましょう。

もちろん、自分の犯した罪だけでなく、受けた傷も因縁となり、あなたの心を縛る要因になってきます。

例えば、過去に誰かから裏切られるというような出来事はなかったでしょうか。その結果にあなたは納得していますか？　諦めがつきましたか？

常にあなたに付き纏ってくる「魔術師」のカードは昔の恋人かもしれない。当時の時間まで戻れはしないけれど、タロットから当時の相手について見てみることは出来ます。

自分はどうして突然別れを告げられたのか、モヤモヤする気持ちに踏ん切りをつけてからの方が、次の出会いもすっきりとした気持ちで迎えられると思いますよ。


周囲のカードを見るにあたって、関係性を考えるだけでなく、上下左右を複合的に見るという面白い方法もあります。一枚のカードで一つの物事だけを表しているとは限らないというのはよくある解釈ですが、これは赤と黄色を混ぜるとオレンジになる、そのオレンジは何を示しているのだろうという考え方です。

120ページの「恋人」のカードの説明で詳しくご紹介していますが、「恋人」と「女帝」のカードから思い浮かんだ色のイメージが、よい結果に気づかせてくれるヒントになりました。カードの意味を飛び越えて現れたインスピレーションが、思わぬ幸運を伝えてくれることがあります。

複数のカードから醸し出しているものを感じ取る。上級者向けではありますが、そういう見方も知っていれば、よりタロットが面白く感じられると思います。

知りたいことや、自分の心に引っかかっているものが何か。確かめたいことを強く心に描いていれば、何枚めくろうと、どんなカードが出ようと、答えは自ずと見えてくるのです。

象徴するカードを決めておこう

タロットに限らず占いを行うとき、何を占いたいのかぼんやりとしていると、結果もぼんやりとしたものになってしまいます。

ですので、占う内容は具体的であればあるほどよいのですが、例えばこの先の人生を占いたいとして具体的にと言われても、どう具体的にすればいいのかわからないですよね。

そこで一つの方法として、**自分を象徴するカードを決めてみましょう。**それさえ決めておけば、後はそのカードをキーとして占っていけばよいのです。

どう占うかについては後程ご説明するとして、まずはどのように象徴を決めるのかをお話しましょう。

実のところ決め方は自由です。だからそうですね、自分が獅子座なら「力」のカード、魚座なら「月」と、星占いをベースにカードを当てはめてみる。もしくは月や星のアクセサリーが好きだからという理由で、そのカードを象徴とするのでもいいですね。

現状、自分は悲しくて寂しい状況にあると思ったのなら、「隠者」のカードを象徴にするのでもいい。解体に関する仕事をしているから、「塔」のカードにするというのも、あまりいらっしゃらないでしょうけれど、考えとしては面白いと思います。

何度も占っていると、頻繁に登場するカードがあるかもしれません。やけに縁があると思えるカードがあるなら、それを象徴にしてもいいですね。

ただし、やけに登場するカードは、裏ワザ「スプレッドの前後左右を注視しよう」でも説明している通り、あなたに関わる因縁の可能性もあるので、そのカードと自分との関連性はよく考えてからにしましょう。

自分ではなく相手を見るときは、相手に対するイメージから自分で象徴とするカードを選んで構いません。凄くせっかちな人なら「戦車」、昔はせっかちだったけれど最近大人しくなったという人なら「皇帝」にしてもいいですね。

あるいは、この人の顔はカードに描かれている魔術師の顔に似ているなと思ったから、「魔術師」を象徴とするのでもいいんです。

特徴がなくて、イメージが掴みづらいという方もいます。その場合は相手に直接カードに触れて貰うことで、カードと繋がることが出来ます。そして触れて貰ったカードをめくり、出たカードを象徴にしてみましょう。

この行為はその人の心のシャッターを開けるため、脳波やハイヤーセルフといったその人の奥底にある部分を引き出すためにも活用出来ます。触れて貰うことで繋がっているというイメージを強く持って貰うのです。

でも相手が目の前にいないこともあります。私は電話を使って鑑定することもあるので、その際には相談相手と対面出来ません。

見えないからといって、相手をイメージしなくていいというわけではありません。それはどんなときも忘れないで欲しいですし、顔が見えないときこそイメージすることが大事です。

相手の頭から自分の頭へ、電線が繋がっているようなイメージを、頭の中に思い描いてみましょう。さらに声で電波のように繋がっていきます。

これは超能力的なものではなくて、自分のイメージを広げ、相手を深掘りしようと意識をするための大事な行為です。姿は見えなくても声とか名前とか、聞いたエピソードや、他にも自分が持っているあらゆる情報から相手を想像し、繋がるイメージを頭の中で広げます。

超能力ではないのですが、超能力のように想像をしてみるとわかりやすいかもしれませんね。

そうしていると、パッと相手のイメージが浮かんで、繋がり合うような瞬間が訪れます。スピリチュアル的な言い方をすると、まるでチャクラが開くような感覚と言えます。

これが出来れば、占いたい内容がぼんやりしていても、相手の悩みの本質が何か見えてくるようになります。

相手のイメージを掴めたら、カードをめくって、その方であったり、鑑定の象徴として

みましょう。

さて、象徴とするカードを決められたらどう占っていきましょうか。

そのカードを真上に置いて、残りの21枚がどのように出るのか占うでもいいですし、真ん中に置いて、象徴するカードの周りにどんなカードが出るのか占うのでもいい。占う際にはどのカードに時間や役割を持たせるかは、最初に決めておいて下さいね。

あるいは象徴のカードも一緒にしてシャッフルし、そのカードがすぐ出てきてくれたなら、占っていることは上手くいく。または結果が早く出る。

すぐに出てこないときはまだ気合いが足りないか、機が熟していない。何が必要なのかそれまでに出てきたカードを見て、読み解いていく……というような解釈をしてみます。

あらかじめカードを決めておくだけでなく、占いの中で象徴とするカードを選ぶ方法もあります。これはスリースプレッドに似て簡単で、タロットを広げることなく出来る手軽な方法なので覚えてみて欲しいです。

簡単なスプレッドで、大アルカナ22枚を持っていたら、その束から7枚目、14枚目、21枚目、22枚目と、４枚のカードを抜き取る方法があります。

役割はスリースプレッドと同じです、最初の1枚目から、過去、現在、未来とします。そうして最後に残っていた22枚目のカードを占い鑑定結果の象徴とするカードと観ます。その象徴としたカードをベースとして、時系列のカードを読み解いていくわけです。

同じような方法で、カードの役割を変えて占うことも可能です。

例えば自分と恋人などといった関係性について占いたいときには、7枚目を自分、21枚目を相手の人、中間となる14枚目を現在の状況とし、22枚目のカードは結果として見て下さい。

そのように自分や相手の象徴を決めておくことにより、読み解き方も変わってきます。

象徴としたカードの意味と当人を見合わせてみて、もしかしたらこの人にはこういう性格もあるのかもと、イメージを広げてみるのです。

先ほど、顔が似ているからというだけで「魔術師」を象徴とする例を挙げました。ではその人にクリエイティブな面があるのかどうか、想像を膨らませてみると、意外と創造力のある仕事をしていたのだと気がつく。

そういう風に、普段は意識していなかった部分に気づけるかもしれません。

自分自身のことであっても、本当はどんな人間かわかっていない、知らない部分が沢山あるもの。自分が思い描いている姿と、他人から見た自分に乖離があるなんてことも、よくある話ですよね。

会社の面接で質問されるように、自分の特徴を説明して下さいと言われても、準備なしに上手く説明出来る人は案外少ないものです。

人に見せられる部分でも説明するのが難しいなら、深層部分がどうあるかなんて、もっと説明が難しいでしょう。

そんなときにはハイヤーセルフと繋がったカードを見て、自分が何者であるか、どういう状況にあるかを確かめてみましょう。

そういった見えない部分を引き出すツールとして、タロットは最適だと思いますよ。

カードからのメッセージをエピソードで学ぼう

「このカードでハイヤーセルフは私に何を伝えようとしているんだろう？」

タロットカードをめくったとき、きっと皆さんはこう思いますよね？

この章では、タロットカードのうちの大アルカナ22枚について、それぞれのカードが伝えてくれるメッセージをご紹介します。

単純に意味を紹介するだけでなく、実際に私が過去に占ったエピソードもあわせてお話しします。

エピソードを読んでいただくことで、それぞれのカードの意味することをより深く理解していただけるはずです。

運命を鍛えるポイントはどこにあるのか、皆さんも読みながら想像してみて下さい。

0 愚者

カードの意味

正位置 無計画、深く考えない、浪人、自由に生きていく、無所属

逆位置 変わり者、ジプシーのように転々とする、無計画、飄々とした人

タロットカードはこの0番**「愚者」**のカードから始まります。

まずタロットカードの特徴として、大アルカナのカードは全部で22枚あります。ですが数え方としては0番から21番と数えます。なぜ1番ではなく0番から始まるのかというと、世界は「無」から始まる、つまりゼロから始まるという考えにもとづいています。

そしてそのゼロに表されるカードが「愚者」、英語でいうとフール……愚か者、怠け者という意味ですね。諸説ありますが、愚者のモデルは聖書に登場する放蕩息子（フール）だと言われています。

やる気のなさそうなネガティブなカードだと思われるかもしれませんが、このカードは何かが始まる前、計画を考える前といった何もない段階を示しているのです。そう聞くとネガティブな意味よりも、これから新しいことが始まるというワクワクとした雰囲気のカードに見えてきませんか？

旅や仕事、恋愛だって、何事も最初は何もないまっさらな状態です。ですから私は、愚者が現れたときにはポジティブな結果に捉えることが多いです。

愚者とは、旅を続ける中で成長や変化を繰り返すもの、つまりはリセットを繰り返しているのです。

今大変な状況にあったとしても、リセットが出来る、白紙に戻してゼロから始め直せる。スタートラインに立つ前の段階にあるので、いずれ走り出す日が来るわけです。ずっとゼロの状態に留まるなんてことはありません。

占われている人はもしかしたらそのとき、全然やる気がなくなってしまって、人生なんてどうでもいいと無気力になっているかもしれません。でも初めからずっと100%全力の人なんて、そうそういませんよね。

絶望的な虚無の状態ではなく、種を植えたばかりで何もない真っ平らな土の状態、これから新しく芽吹く状態にあるのだと思って下さい。

恋愛を占っているときにこのカードが出ると、まだ誰も好きではないという状態を表します。ですから、もし気になる人について相談されたとしても「本心は好きではないのでは？」と推測し、「その人のことが本当に好きですか？」と尋ねてみると、大抵の人は首を横に振るんですね。

未来を示すカードとして登場したときには、今は恋心があったとしても、将来的には気持ちが落ち込んでしまうかもしれない。仕事のことなら、プロジェクト成功間違いなしと言われていても、ちょっとしたことで空中分解してしまうかも。「愚者」が出ると無に帰すと言う暗示になる場合があるのです。

人によっては、「愚者」が出て来ただけで、プラスに捉える場合もあります。もしフリー

ランスで働いているクリエイター系の人であれば、その人の思うまま、愚者のように風来坊で生きていけばいいという意味に解釈します。大きな力の下で生きていかなくても、一人でだってやっていけるでしょうと。

何せクリエイティブな仕事だと、常にゼロから作ることの繰り返しでしょうから、うってつけのカードとも言えます。

「愚者」には解釈が色々、ごまんとあります。フリーランスのように自由になるというのもそうですし、あるいは会社やサークルなど、所属している組織から離れるという意味になることも。ポジティブに捉えることが多いと言っても、それなりに波乱もあります。

その一例として、政治的なことを占ったときに**「愚者」の正位置**が現れ、本当に波乱の展開が巻き起こったことがあります。離党、辞任、新党立ち上げ、ときには大ごとになって解散総選挙……なんてこともありました。

ある政治家の方を占ったときのことです。そのとき政界は波乱に満ちていました。重要なポジションにおられた方が離党されたり、亡くなられたり、至る所で内輪揉めも発生していました。

果たして誰がこの混乱を収めるのか。何とか出来るのは彼しかいないとさえ言われている人物がいました。しかし彼の今後を占うと、「愚者」が現れます。そこで私は、彼がもう最前線に立つことはなさそうだと解釈しました。所属を離れて、リセットしたいのではないかと。

すると、その方は人知れず裏で事態を収めた後、第一線を退いてしまったのです。その後しばらくして引退するに至りました。

思えばその方は、愚者のように自由に、思うまま生きてこられた方だったのかもしれません。とても真面目だという評判がある一方で、叩き上げの真っ向勝負をされるので、おかげで色々な人と衝突していました。それでも社会のために成し遂げられた功績は多く、もしかしたら大きな地位に就かれるかもしれない、そう思いながら占っていても、結局現れたのは「愚者」。どんな人であっても引き際はやってくるということを実感しました。

愚者のカードは他の古典的なカードと異なり、人間が細々と散り散りバラバラになっているような絵柄です。それは一旦、ジグソーパズルをバラバラにして再組み立てしていくのに似ています。無欲で無心な状態でもあります。

彼の場合も何か危険を感じ、もう突き進むときではないと察知されたのかもしれませんね。

その後は故郷に戻り、「自由にのんびりと大好きなコーヒーを飲む生活へ戻れた」と、明るくテレビで話されていたのを拝見し、これで良かったのかもしれないなと思いました。

I

魔術師

カードの意味

正位置

物事のスタート、クリエイティブ、上手くやってのける、新たな環境、独自性

逆位置

間違ったスタート、小細工、テクニックに溺れる可能性

2枚目のカードですが、このカードがタロットでは1番目とナンバリングされます。「愚者」ゼロの次、つまりこれこそがスタートを表すカードになります。

ですので、**「魔術師」**は何かを新しく始めようとしている人に出てくることが多く、また、クリエイティブな仕事をしている人にもよく現れる傾向があります。欧米では魔術師だけでなく、金を作り出す錬金術師のこともマジシャンと言います。まさにクリエイターですね。

魔術を扱うことから、常識に縛られず生きていこうとする存在を表しているのでしょう。ルーチンワークで働く会社員より、自分で何かを生み出す仕事、芸術やファッションなどのクリエイティブな人が自然と多くなります。


「魔術師」が正位置で出ると、今から新たな船出という状況にいることがあります。

以前に常連の方から、自分の子どもが自分探しの旅に出たいと言っているが、どうしたらいいのかと相談を受けました。

学校を卒業したばかりで、社会人としての経験がないので、あまりにも空をつかむような話だなと。私にも子どもがいるのでちょっとその気持ちがわかりました。

ご両親はファッション系の会社を経営されていたので、そういう業界に行くものだと思っておられました。ですがお子さん本人に伺ってみると、どうやらそうではなさそうでした。

かといって何をしたいかは決まっていない、決まっているのはヨーロッパに行きたいということだけ。とにかく外の世界を見に行きたいのだそう。確かに親としては不安しかありませんね。

果たしてそんなお子さんを止めるべきか否か。占ってみると出てきたのは**「魔術師」の正位置**でした。新しい何かを切り開くため、今からスタートしようとしているということではないか。少なくとも親御さんと同じ道には行かないだろうと思いました。

そして無のままで終わらず、ちゃんと何か結果が出るに違いない、今までの価値観や環境を打破しようとしている、と読み解きました。親御さんには一度お子さんのやりたいように好きにやられてはどうかとお話ししました。

その後どうなったかを知るのは随分後のことです。テレビの画面ででした。飲食業界で実業家となり、ドキュメンタリー番組で取り上げられていたのです。これには驚きました。料理も一つのクリエイティブな世界。魔術師のように多種多彩な料理を生み出されていました。出す料理本もヒットし、大手外資系企業とも取引するなど、大成されていたのです。

生まれ育った地ではなく、新たな地からスタートし、全く新しい世界を切り開かれたという、「魔術師」に相応しく、素晴らしい結果を出された一例です。

「魔術師」は逆位置であっても同じようにスタートを意味しますが、その選択、方向性は間違っている可能性が高くなります。さらにテクニックに溺れてしまった魔術師は、どんどん選択を間違え、悪い方向へ進んでしまうのです。

これも占って数年後、テレビで結果を目の当たりにし、驚いた事例です。

こちらも常連の方で、ある日突然深刻な顔で鑑定に来られました。一緒に仕事をしているタレントが新しい事業を起こそうとしているが、大丈夫かどうかとても心配だということでした。

そのタレントは誰が聞いても知っているような有名な方です。人気に翳りが出始めた頃で、新たな活路を見出そうとされていました。

「魔術師」には新しい環境という意味もあります。日本を出て、新たな環境で始めたいという確固たる意志が感じられました。ですが逆位置だったことで、その事業は上手くいかないだろうと解釈したのです。

私は絶対に引き留めた方がいいとお伝えしました。不安に思われていた相談者は引き止める決意を固められ、事業をやめるよう説得をされました。しかし相手は一向に折れてくれなかったようで、何度となく相談に来られたのを覚えています。

何をどうしてもよい結果は出ず、さらには未来のカードに困窮を暗示するカードまで出ていました。やはり上手くいくとは思えません。何か希望がないか、タロット以外の占いでも探ってはみたものの、どれも運気が下がっているという結果が出ます。いいことは何もありませんでした。

実行してしまうとどうにもならない、裏を返すと、止まれば光明がある。ここが運命の分かれ道となるポイントでした。運命を鍛えるには、様々な誘惑や煩悩に打ち勝つことも重要です。

相談者は必死に説得を続けられましたが、残念ながら事業を立ち上げられ、目も眩むよ

うな大金を海外の企業に投資されてしまいました。

その後、事業は上手くいかず、投資額以上の負債を抱える羽目に。最終的には金銭トラブルへと発展し、裁判沙汰となって自己破産。

ニュースで報道を見た瞬間には、やはりこうなってしまったかと残念に思いました。あのとき止まっていれば、引き止める周囲の声に少しでも耳を傾けていれば、最悪の事態は免れていたでしょう。

災難に巻き込まれてしまったとき、後々思い返すと、ちゃんと冷静になって、シンプルに考えれば間違えることはなかった筈なのにと後悔する。でも当時は魔術というテクニックに溺れ、正しい道が見えなくなって、どんどん悪い展開へ進んでしまった。

その間違ったスタートの先にある顛末を、テレビ画面の向こうに見たのでした。

2

女司祭

カードの意味

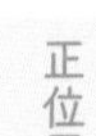

正位置

若い月、三日月など、未完成、インテリな女性、肉体未熟、プラトニック

逆位置

ヒステリック、色気なし、理屈っぽい

「司祭」とはキリスト教における職位の一つです。女性の司祭となると、今風にはキャリアウーマンといえばイメージが沸くのではないでしょうか。

このカードに象徴される女性は、インテリで合理的な人。また、温かみに欠けており、色っぽくないという意味も孕んでいます。恋愛においてはプラトニックな関係を象徴することもありますね。

夫婦関係についての鑑定で**「女司祭」の正位置**が現れたことで、関わる人たちの本質が見えてきた一例があります。

夫のモラハラに悩まれていた相談者の話です。とても冷たく暴君のような夫で家庭も崩壊している。限界を感じ、相談に来られた時点で既に離婚を決意されていました。

ちなみにこのとき、夫を表すカードとして「皇帝」も逆位置で出ていました。ハラスメントに関わることがとても多いカードです。これは「皇帝」の項でもお話ししますね。

さて、こういった家庭内のハラスメントやDVという、辛い目に遭われている方は精神的に病んでしまいがちです。相談に来られる時点ではもう途方に暮れて、泣きそうな顔で来られる場合が多いものです。

一方、この方は粛々と離婚の準備を進められており、離婚後のこともしっかり考えておられました。仕事だってきちんとされていたので、自立するのも特に問題はなし。とても精神力の強そうな人という印象でした。

だから私の所へは悩み相談に来られたというより、自分の決断が間違っていないかどうか、答え合わせに来られた印象でした。離婚の時期はもう決めているから、後は子どもや仕事に影響がないかを確認したいということで、これからどう行動するか、殆どご自身で決めておられました。

彼女の決断自体は特に問題なく、思うまま突き進めばいいとお伝えいたしました。

正位置で現れた「女司祭」はこの相談者を象徴していました。合理的に物事を考えて進んでいく様は、実に女司祭らしい性格だと言えます。

ですがここでもう一つ気になった人間関係があります。「女司祭」がこの相談者の方だとして、周囲のカードに「女帝」が出ていたのです。

ピンと来たのが母親との関係でした。この場合は実の母ではなく、姑である義理の母親の方だと解釈しました。女帝と女司祭という、女同士の上下関係、嫁姑の関係がまさしくそうです。姑との関係はどうだったのかを伺うと、案の定、夫はとんでもないマザコンだったとのこと。

元々は姑と別居されていたので関わりが少なく、マザコンだとはあまり思っていなかった。だから夫のモラハラぶりに母親の影響があるとは考えていなかったのです。

離婚の話が具体的に進んでいくと、夫はすぐに姑を家に呼び、同居生活が始まったのです。おかげで姑にべったり甘える彼の性格が嫌でも目につき始めます。

実は後日、その夫本人ともお話をする機会がありました。逆にどう思っていたのかを聞いてみると、妻は氷のように心が冷たい人だった。合理的過ぎてつまらなかった。だから寂しくてたまらなかったのだと。

彼がモラハラをしてしまった要因はこれだったんです。母親に甘えていたように、妻にも甘えたかった故の行動だったとわかります。まるでいやいやをする子どものようにモラハラをすることで、妻に甘えたい気持ちをわかって欲しかったようです。

いくら甘えたいからといって、モラハラをされるのはたまったものではありません。ただ、もう少しお互いの気持ちを話し合っておけば、離婚にまで至ることはなかったかもしれませんね。

「女司祭」はインテリジェンスで合理的な女性を象徴していますが、その反面、温かみに欠けている、色気がないといった意味もあります。このように、可愛くて優しい女性を求められる男性とは反りが合わない傾向にあります。

だからといって、大人になってから性格を変えるのはとても難しいですよね。冷たくするなと言われても自分がどう冷たいのかわからないでしょうし、簡単ではないでしょう。

もしこの方の運命を鍛えられるとすれば、今後新しいご縁があったときには、もう少しスキンシップを取るようにするとか、二人きりでご飯に行く時間を増やすといいですよとアドバイスをいたしました。

夫婦関係には相互理解が重要です。毎日じゃなくてもいいから、そういった夫婦の時間をちょっと大事にするだけでも、相手の内面を知って、少しはよい関係に修正されていくのではないでしょうか。

3 女帝

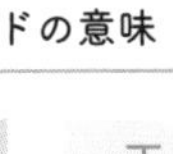

正位置
母性、満たされている、満月、妊娠、成就、自然に逆らわない、家庭円満

逆位置
過保護、毒親、愛情不足、離婚、未完成な

女帝は、一つ前の「女司祭」との違いをまず理解しておきましょう。どちらも女性で重要な職位に就いているのですが、女帝の方が立場は上です。

権力的な上下関係、現実に置き換えると仕事がそうですが、親子関係もそうですね。または女司祭に比べると、女帝の方が経験豊富、豊かで

創造性のある存在です。
母を想起させる意味も多く含まれていますね。だから家族や結婚に関する占いに登場すると、ほぼ間違いなく『母親』というキーワードが重要になってきます。

私の元へ相談に来られる方には、シングルマザーの方が多い傾向にあると感じています。離婚や離別は悩みを生む定番の理由ですからね。

そして新しい出会いについての相談も多いです。新しいご縁を得られた相談者の一人が、ある日何やら浮かない顔で鑑定に来られたのです。

プロポーズをされたものの一緒になっていいのか、とても悩んでおられました。

お相手は年上の資産家で、会社も相当な大企業。絵に描いたような玉の輿です。相談者の方だって見目麗しく、性格もよく、仕事もしっかりされている女性。男性を惹きつける魅力を十分にお持ちの方でした。数多く求愛された中でも、そのお相手はスペックが高く、断る理由はなさそうに思えました。

連れ子である幼い子どものこともちゃんと受け入れると言われ、そこまではよかった。風向きが変わったのはそのお子さんに対する考え方です。

お子さんを養子にして、学校も有名校に入れて、留学もさせよう。そうして帝王学を学んだら自分の会社に入れて後継者にしようと、どんどん話を進めてくる。

まだ年端も行かない子どものことを、出会って数日しかないこの人にどうして何もかも決められなければいけないのかと、疑問に感じられたのです。

ただでさえ、お相手の自信家でワンマンなところは、モラハラ気質だった元夫を彷彿とさせました。どれだけ生活に恵まれ、子どもの将来を保証されるとしても、また精神をすり減らす生活をするなんて考えたくない。可愛い子どもの将来を案じて離婚したのに、子どもの気持ちを無視するような育て方をされるのは看過出来ません。大事な決断が必要でした。

そんな彼女に現れたカードは**「女帝」の正位置**。まさしく母の象徴です。私は母としての思いを大事にするべきだとお伝えしました。

婚活のデート中にも寂しくて電話をしてくるお子さんです。そもそも婚活が子どものためになっているのか、本当に大事なことは何かと、彼女自身が思い直すきっかけとなります。彼女の本当に願っていることは、子どもに寂しい思いをさせないこと、ただ一つ。その思いの強さが、これからの運命を幸せへと導いてくれるに違いありません。

結局プロポーズはお断りし、婚活自体もやめて、故郷でご両親と一緒にお子さんを育てることにされました。

後日、親子楽しそうにされている写真を送っていただきました。やはり母であることを選んでよかったのだと、写っている笑顔を見て私は心から安心しました。

こうして子どもへの愛情を惜しまない母がいる一方で、カードが逆転すると全く違う意味で母という存在が現れます。

バツイチで子どもの親権も夫に委ねたという女性が、今後の人生を占いに来られました。

子どもを手放して寂しいのかと思いき

や、そうでもない様子。「仕事と子育ての両立は出来ない」「そもそも子どもが可愛く思えなかった」と、とても冷ややかな印象を受けました。

逆位置で出てきた「女帝」は、彼女の母性のなさを表しているのだと読み解きました。ただ、今の生活に後悔がないように見えて、何かひっかかりました。仕事は順調なのか伺うと、どこかパッとしない。対して評価もされずずっとモヤモヤし続けていると。

私は彼女から薄らとした孤独感や絶望感を感じていました。一体何に起因するのか、これもキーになるのは「女帝」だと思いました。そこで彼女自身がこれまでに受けた愛情が気になってきます。

人は生まれると基本、自分を産んでくれた母親に育てられ、初めて愛情というものを知るのです。ですが、全ての人がそうではありません。

彼女の親子関係について伺ってみると、実の母親からはとても冷たく育てられたと話してくれました。

実の母親もシングルマザーで、仕事ばかりで家庭を大事にされず、可愛がられたり、褒められたりした記憶がない。一方で成績が悪くて叱られたことだけは記憶に残っている。

つまりは、子どもに愛情を注ぐ母親という存在を全く知らないまま、自分が母親になってしまったんですね。

もう一人、母親の見本となる夫の母、姑がいるわけですが、姑も息子をずっと放任している人でした。その結果、ろくに働かない夫になって、離婚に至ったそうです。ある意味、彼女は周りにいる母親を無意識のうちに見本にしてしまったのですが、そうなると可哀想なのは、夫に任せてしまった子どものことです。

私が一番引っ掛かっていたのは、本当に自分の子どもが嫌いなのかどうかです。心から不要と思っているなら、相談には来られないと思うんですね。母としての愛情というものを知らないだけだったなら、今からでも遅くはない。これから少しずつ学んでいけば、この負のスパイラルは断てる筈です。

週末だけでもいいので、子どもと会って一緒にご飯を食べる時間を作ってはどうかとアドバイスしました。すると目を潤ませながら、子どもが好きだった食べ物の話を始めます。私はほっとしました。彼女の中には母親としての愛情がちゃんとあったのです。その後、週末だけと言わず、子どもと会う時間を増やしたそうです。

こうして生き方や考えを切り替えられたときこそ、運命が鍛えられる重要な通過点となるのです。

4
皇帝

カードの意味

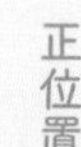

正位置　父親、しっかりした人、経営者、学歴、職歴に優れた人、ビジネス成功

逆位置　モラハラ、パワハラ、ワンマン、見かけ倒し

「皇帝」、つまりトップの権力者です。絶対権力を持っていることからこのカードは支配も表し、現れたときには人間関係が拗れていることが少なくありません。

仕事でも家庭でも権力はものを言い、人は何かと振り回されがちです。特にハラスメント問題に関するお悩みが多く、パワハラ、モラハラ、

セクハラ……力を誇示しようとすると、ハラスメント化しやすいのでしょう。

ハラスメントと聞くと仕事のイメージが多いですが、身近な権力は家庭の中にあります。夫婦、親子、兄弟、歳が一つ違うだけでも上下関係が生まれます。中でも毒親の問題は「皇帝」が象徴となる場合がありますね。

昔、カーペンターズという人気アーティストがいました。メインボーカルのカレン・カーペンターは拒食症で32歳の若さで亡くなられてしまいます。彼女が拒食症になってしまった原因に毒親の問題があったとも言われています。興味があって占ってみるとこのカードが出て来ました。

親が暴君となり、子どもを苦しめる。家族であっても自分より上の立場の人が権力を振りかざせば、悲劇しか生まれません。こうした問題を抱え、心身を病まれてしまう方は、エンターテイメントの世界だけでなく現実世界にもよくおられます。

ある相談者がサロンに来られたとき、まともに食べられないほど体調を崩されていました。病院には行かれているものの、ほぼ毎日働き詰め。仕事を休むべきではとお話ししましたが、夫の稼ぎが少なく自分が働くしかないと、悲痛な表情を浮かべられました。

現状について占うと**「皇帝」が逆位置**で現れました。暴君に当てはまるのは夫ではないかと考え、尋ねてみると、案の定気難しくてモラハラ気質な人だということ。

ここで夫との関係について相談して貰えると話は早いのですが、それよりも体調をよくするにはどうしたらいいか、いい薬や病院はないかという相談ばかりされます。このように本質から目を逸らして現状ばかり気にしてしまうのは、心身を病んでおられる方の特徴なのかもしれません。

病院に行くのも大事だけれど、彼女を縛り付けている暴君たる皇帝から切り離したい。夫と少しでも距離を置く。巣立ったお子さんを頼る。それも難しいなら気分転換に旅行や散歩でもいい。少しでも自分のためになることをして欲しいとアドバイスしましたが、今も苦労されているようです。

「皇帝」は力を持つが故に、簡単に逃げられないのが厄介なところです。いつか彼女が自分のために生きる道を見つけられたなら運命が切り開く筈だと、今も根気よく話を続けています。

逆位置の話からご紹介しましたが、正位置でもハラスメント問題を象徴することが多い

です。仕事や退職のご相談で**「皇帝」**が出てくると、まず上司との関係を伺います。するとやはりパワハラな人がいて辛いという話が展開されていきます。

どうにも権力者の人は、不器用で拗らせている人が多いのかもしれません。力を誇示するがために素直になれず、誤解を招きがち。弱い自分を見せたくなくて、本音をひた隠しにするのでしょうね。

ある退職のご相談も、そんな上司の拗れた感情が原因でした。

上司の態度が厳し過ぎるというのが退職されたい理由です。聞けば毎日のように大声で叱り、何をやってもダメ出しをする上司。それは誰だって参ってしまいます。

これは退職をした方がいいとなりそうですが、そうはならないのが占いの面白いところです。「皇帝」の正位置の他にはとてもよい傾向のカードが出ていたのです。中には「恋人」のカードもあったので、個人的に特別な感情もあるのかも……？

本当に不満があってのパワハラなのか疑問に思った私は、よくある好きな子をいじめてしまうパターンではないかと思いました。ただ、いじめられている当人からしたらたまったものではありません。

私は解決策の一つとして、上司の見方を変えてみてはどうかと助言してみました。私のことが嫌いだから怒っていると思うのと、私のことが好きだから怒っていると思うのでは、言い換えただけで全く印象が変わりますよね。

まさかそんなわけがないと半信半疑のご様子でしたが、今より状況がよくなるなら、やるだけやってみますと、少し距離を縮めて交流するようにしたそうです。

これまで怒られたら怯えるばかりだったのを、ちょっと冗談も交えて喋るようにすると、みるみるうちに関係が緩和。次第に評価されるようになり、その上司の口添えで昇進までされたのです。よって退職も見送られました。

後に思い返してみれば、仕事の後はよくご飯を奢ってくれていた。厳しいように見えた物言いも、いいところを褒める前にダメなところを先に言ってしまっていただけだったと。

実際に恋愛感情があったかどうかはわかりませんが、結局は上司としての建前が前に出過ぎてしまっていたのですね。

「皇帝」が相手を顕著に象徴していたという、わかりやすい事例だったかと思います。親心とも言えるかもしれませんね。父としての厳しさは時に反感を買うものです。

ここで大事なのは、カードが未来を予見したのではなく、気づきを得た当人が見方を変え、現状を自分で打破したことなんですね。こうして運命は鍛えられていきます。

占いから気づきを得て、人生を悪い方向からよい方向に切り替えていく。こういった経験を繰り返していくことで、より面白く占いを扱っていけるようになるでしょう。

5 司祭

カードの意味

正位置
弁護士、法律家、制度、社会的な常識、良識

逆位置
非常識、非難される人、道徳的に間違えている

「司祭」には3番の「女司祭」というカードもあります。女司祭は女性的な意味を持つ一方で、「司祭」は逆に男性的な存在となります。

ちなみに、「司祭」ではなく「教皇」と表記されているタロットカードも多いです。つまりはローマ教皇のことですね。諸説ありますが、ローマ教皇の愛称「パパ」と、父を意味する「パパ」の語源が一緒であることから、父親や年上の男性を表すこともあります。ですからこのカードが出たときには、そういった立場の人との関係も見てみましょう。

司祭、教皇共に法や秩序を司る立場に変わりありません。裁判や事件など、法律に関わるご相談で現れると、非常に重要なカードとなります。

詐欺に巻き込まれてしまったという、とある相談にも、**「司祭」の正位置**が現れていました。

被害に遭った子どもをどうしたらいいかと鑑定に来られたご両親。占ってみると「司祭」が出ますが、子どもを示す場所にではなく、外部の位置に登場したのです。その光景はまるで、法廷の中にいる裁判員のように見えました。

「司祭」の導きにより警察が真実を明らかにし、無念が晴れる……そんな展開をご家族は期待していたと思うのですが、残念ながらこれは法により裁かれる側ではないかと解釈出来ました。

事情を伺っていくと、どうやら昔から問題を起こしがちな子どもでした。でも根はいい人間だから、そんな犯罪なんて起こすわけがないと信じておられていたのですが……。これ以上は法律のプロに聞くべきだと、私は弁護士さんへ相談することをお勧めしました。するると、詐欺に巻き込まれたのではなく、なんと加担していたことが判明してしまったのです。

そうなっては誤魔化していてもしょうがないと、ご家族は決断されます。自首した方が本人のためだと、速やかに刑事事件として扱われ、逮捕されるに至ります。

ご両親のショックは想像しても計り知れません。ですが、相談しなければ事実を知らないままだった。これをきっかけに改心出来るかもしれない。逆に良かったと前向きに捉えられていました。それがせめてもの救いですね。

献身的に何度となく面会にも行かれていたようで、刑期を終えられた後は、ご家族の助けもあってちゃんと更生されたと聞いています。前向きなご家族のおかげで、お子さんの運命はそれ以上悪い方へ向かわず、無事に方向転換が出来たようです。

「司祭」が示すのはこういった司法関係ばかりではありません。常識を問う意味で現れることもあります。特に**逆位置**で出ると、占う対象が非常識、道徳的に間違っていると暗示することも。人に対して現れた場合は、その人が常識の通用しない、自己中心的な人であ

ることが少なくないですね。
　このカードが出たある女性は、セレブ暮らしに捉われてしまっていた人でした。
　社長令嬢だった彼女は、蝶よ花よとチヤホヤされていました。ブランド物に身を包み、就職も実家のツテで大企業へ入社し、高学歴なイケメン男性と出会って結婚。十分過ぎるほど庶民の常識からかけ離れた華やかな生活を送られていました。
　しかしながら、ある日突然、実家の会社が倒産。優雅な生活を送るための後ろ盾がなくなってしまったのです。これからどうしたらいいかと相談に来られましたが、逆位置で現れた「司祭」が、常識外れな生活を求め続ける彼女の心情を如実に表していました。

私は彼女には身の丈にあった生活をしていくのが一番だとアドバイスしましたが、残念ながら納得をされず、借金をしてでも贅沢な暮らしを続けられたのです。人は一度でも華やかな暮らしを知ってしまうと、その快感を簡単には忘れられなくなってしまうのでしょう。

結婚したお相手はとてもよい方だったのですが、堅実で生活はとても地味な人でした。生活も人間関係も派手に振る舞いたい彼女は満足出来ず、離婚に至ります。

その後、再び相談に来られたのは約15年後。驚くことに別れた夫と復縁していたのです。離婚後、寂しがり屋で派手好きな彼女は一人きりで生きていけず、色々とトラブルを起こしていました。夫を超える人にも出会えずに、結局よりを戻したようです。

本当に旦那さんはとても真っ当な方でした。生活は変わらず地味でも堅実であっても、仕事は成功を収めていた。この人こそ正しい「司祭」を象徴しているようでした。

一方彼女は、それだけ紆余曲折あってもまだブランド志向が抜けていませんでした。よくも悪くも旦那さんは人がよく、妻を見捨てることはせず彼女の望むタワマンの部屋を与え、彼女が満足するように計らいました。一等地のマンションであっても、何だかとても寂しく思えました。

逆位置となった「司祭」を、正しい位置に戻そうとする生き方にすれば、きっと慎ましくも平穏な生活を送れたことでしょう。そういう風にカードからよい人生のルートがあると示してくれるのですが、結局どのルートを選ぶかはその人自身。

占いを信じる、信じないも自由ですが、自分を見つめ直すきっかけにはして欲しいと強く願います。

6
恋人

カードの意味

正位置
肉体の結びつき、選択、しつこい、ラブラブな、愛情

逆位置
浮気、飽きっぽい、チャラチャラした

「恋人」のカードはやはり、恋愛を占っているときには絶対出てきて欲しいカードですよね。付き合っている最中の方なら、もう何においても熱々でラブラブという状態です。

恋愛に関してはいいこと尽くしのカードではあるのですが、たまに度が過ぎることもありますね。

しつこいという執着的な意味もあ

るので、他のカードとの組み合わせによっては相手との温度差が生じていることもあります。**逆位置**で出てしまうと、しつこさが一気に強調されてしまいます。

進行中の恋愛を占っていて、成就するためのキーポイントとなる配置に出てくると、しつこいという意味も前向きな意味で捉えて、「しつこく頑張れば大丈夫！」という後押しするメッセージを伝えてくることも。もちろん周囲のカードとの関係もちゃんと見て下さいね。気をつけないと裏目に出てしまうこともありますので。

恋に執着はつきものです、占いの中ではそれをどう解釈するかが重要になってきます。恋愛においても仕事においても、「今は執着しない方がいい」「一呼吸おいた方がいい」と、タイミングを図ってくれることもあります。

過去から未来にかけて、どの位置で出るかによっても考え方は変わります。過去の位置に出てくると、今はちょっと冷めているかも。未来の位置に出てくると、逆に再燃の兆しありというように、時間軸をどう見るかも重要です。

また「恋人」は対になって描かれていることから、選択という意味も含まれています。恋愛以外の占いで登場すると、そっちの意味の方が強くなりますね。特に仕事のことにおいてはそうかもしれません。

基本、ポジティブな意味合いが強いカードなのですが、他のカードとの組み合わせ次第で様々な表情に変化する、まさしく恋心のようなとても面白いカードです。

一つ面白いエピソードがあるのを思い出しました。

知人から、店舗付き住宅にちょうどいい物件を探しているという相談を受けたときの話です。街中探しているけれど、中々いい物件が見つからない。折角なのでちょっと占ってみて貰えませんか、と話を伺いました。

出て来たカードは**「恋人」**。まあ確かにご夫婦の仲はよさそうでしたが、その観点は相談目的とちょっと外れてしまいますよね。

では何か選択を求めているのかとカードを見てみますが、そもそも見つからないから相談しているのであって、何をどう選択すればいいのかわからない。困りましたね。

私はことあるごとに言っているのですが、タロットカードはもっと自由に見ていいのです。元来カードが持っている意味も大事ですが、カードから率直に感じたインスピレーションも大事。それも一つのギフトです。カードからイメージを伝えてくれたのです。

そのときふと思い浮かんだものがありました。スプレッドには、「恋人」と一緒に「女

帝」も現れていました。「女帝」のカードには花の絵が描かれています。それと重ね合わせて思い浮かんだのは**『色』**でした。華やかな色、ピンク色のような……。

愛を伝えるイメージカラーと言えばそうですが、建物でピンクとなるとどうにも歓楽街や、そういうホテル……？　いやいや、お二人が営業しようとされているお店は雑貨屋さんです。

とにかくは、色が大事なキーワードかもしれないと、このときはそれだけをお伝えするにとどまり、ご相談は終わりました。

その後も、お二人は物件を探し続け、候補を絞り込むまでに至った頃、私の思い描いていたピンクの色の意味が判明します。

候補の場所の1つは、なんと桜の名所だったんです。春になると一斉に桜並木が咲き誇る光景を見て、「ピンクと言っていたのはこのことか！」と深く納得されていました。物件のある地域は当時あまり繁栄しておらず、人気のない地域でした。その割に物件の価格は高い。ここで選択を迫られることとなります。

二人は占いの結果を信じて、購入に踏み切られました。何も情報がなければ、悪い条件だと思って見送られていたかもしれません。

すると時代が変わるにつれて、街の雰囲気が変わっていきます。購入からしばらく経った後、近くに大型施設が増え、相乗効果でどんどん人が賑わうようになったのです。他にもお店が沢山並ぶようになり、今の物件価格は購入したときよりも一気に値上がりしているそうです。いいタイミングで、いい場所を見つけられたと感謝されました。

私もこんな形でギフトが降りてくることがあるのかと驚きました。占いを繰り返していると、意外な形で運命の道しるべを伝えてくれるようになります。タロットの面白さを再認識した瞬間でした。

ただ住居としてはちょっと不足があったようで、結局、住まいは別にされていました。

住まいとお店、どっちも手に入れるのは難しく、その物件は店舗としてのみ使う道を選んだ。それもまた選択の一つです。

7 戦車

カードの意味

正位置

猛烈な、スピード、勝つ、アグレッシブ、むこうみず、素早い

逆位置

自信過剰、負ける、失敗

突進する**「戦車」**の如く、勢いを表す意味が多いカードです。何か取り組んでいることがあるなら出来るだけ早く物事を進めた方がいい。迷わず進んで大丈夫と後押しをしてくれるカードです。

だからトラブルや決断に悩んでいるとき、締め切りが迫っているときなどにこのカードが出ると、本当に

「急いで！」というメッセージに繋がっていきます。

相続の問題でご相談された方にも**「戦車」の正位置**が登場し、怒涛のスピードでことが進んでいったことがありました。

相続問題でよくあるのはやはり家族間のいざこざですよね。財産を誰がどれだけ受け取るのか、実に揉め事となりやすい事案の一つです。家族だからといって信用ならない。信用していた人だっておぞましい本性を見せることがあります。

この場合も、親戚が何やら変な動きをしているのが気になったというご相談からでした。

占ってみると「戦車」が正位置で現れます。モタモタしていると失敗に終わる、手遅れになるという意味に捉えられます。一方で、今すぐ行けば勝てる戦いであるという解釈も出来ました。そういう場合は、家族間で何か争うような事態、相続関係がよくあるパターンです。そうなるとモタモタしていられません。

とにかく早く調べて対処して下さいとお伝えしたところ、予想通り問題が発覚します。親戚が勝手に両親の土地を売却しようとしていたと判明し、波乱の展開に。

カードが伝えてくれたのは、そうなってしまう前に、戦車の如く一気に突っ込んで阻止せよというメッセージだったわけですね。

ご両親はご存命でしたが、かなりのご高齢。人は年を取ると判断能力が弱っていきます。そんな状況に付け込んで横取りをしてしまおうというあくどい話。決して珍しくはない話です。たとえ身内であっても。

相談者は親戚の裏の顔を知ってただただ動揺されるばかり。どうしたらいいのかわからないご様子でしたが、手遅れになる前にとにかく急いで行動を、と強く申し上げました。すると、ことの次第を知った娘さん、ご両親からすればお孫さんが動き出したのです。正位置で「戦車」が出ると、パワフルでアグレッシブに物事が進む場合がよくあります。まさにこの娘さんが「戦車」となって先導を切り、若さ溢れるその力を発揮されたのです。

山積していた問題は素早く法律家やらお役所やら各所へ相談し、一つ一つ対処されていきました。親戚は土地を奪ったら、ご両親を施設に入れる魂胆だったみたいですが、全て手続きが終わる前に止められ、ことなきを得ました。ご両親の本音を掘り起こしてみれば、

売却の意思なんて実はなかったというのですから驚きでした。
相談者のご家族はこの件で、娘さんの心強さをもって運命を鍛え、家族の結束も強く固められてよかったのですが、親戚付き合いには太い一線を引くことになったようです。

そういった頼もしい話もあれば、**逆位置**で出てくると、同じように急ぐという意味はあるものの、よくない急ぎ方、焦りという意味合いの方が強くなります。急いてはことを仕損じるという言葉をいつも思い起こさせます。
私の占いは対面だけでなくＬＩＮＥ電話

でも受け付けています。拠点が東京なので、おかげで遠方の方も気軽にご相談いただけ、とても役立っています。

ただ、それ故に何でも困ったらすぐに電話をしてしまうという方も、割といらっしゃいます……。

「携帯料金を払い忘れてしまった！」と訴えて来られる方もいれば、「部屋のカーテンは何色にした方がいい？」「お腹が痛いので病院に行った方がいい？」「このあとのデートにはどの色の服を着るといい？」というような、今聞かれても正直困ってしまうなあ……というようなことまで聞いて来られる方もいらっしゃいます。

折角のご相談なのでもちろん無下にすることはありませんが、そういったご相談があると、占う前にまずは落ち着いてとお伝えしています。焦りは禁物だと。

こういう焦り癖や不安症のある方には**「戦車」の逆位置**が出る傾向にあります。逆位置だと、アグレッシブに動いていても残念ながら空回りしがちで、前に進まない。

生まれ持った性格ですので、焦り癖というのは簡単には治りません。それはそれで仕方がないことだと思います。それに、こうしてすぐにご相談していただけることで、本当に焦ってはならない出来事を何とか出来ていると思った方がよいかもしれません。これもまた運命を鍛える手段の一つですね。

人は焦ると冷静さを失います、そして落ち着いて聞けばおかしいと思えるような詐欺まがいの話も、なぜか信じてしまう。そういうときには自分以外の誰かに話をするのが一番です。ただ、プライベートな事情もあるお話だと、誰にでも話せるわけではないですよね。先ほどの相続問題だってそうです。

いつまでも親に相談出来るわけではない、結婚して家族が出来たとしても、腹を割って話せる関係が築けるとも限らない。気軽に相談出来る相手って、大人になればなるほど減っていく気がします。

その点、占いでは個人的なことには介入せずに悩みだけを相談出来ますし、その方を否定することもいたしません。ただ話を聞いて貰う相手として本当に適任だと思うのです。私もそういう役割であることに誇りを持っています。

だから悶々と悩んで、鬱屈とした時間を過ごしてしまうくらいなら、気兼ねなく相談して下さいね。

8

正義

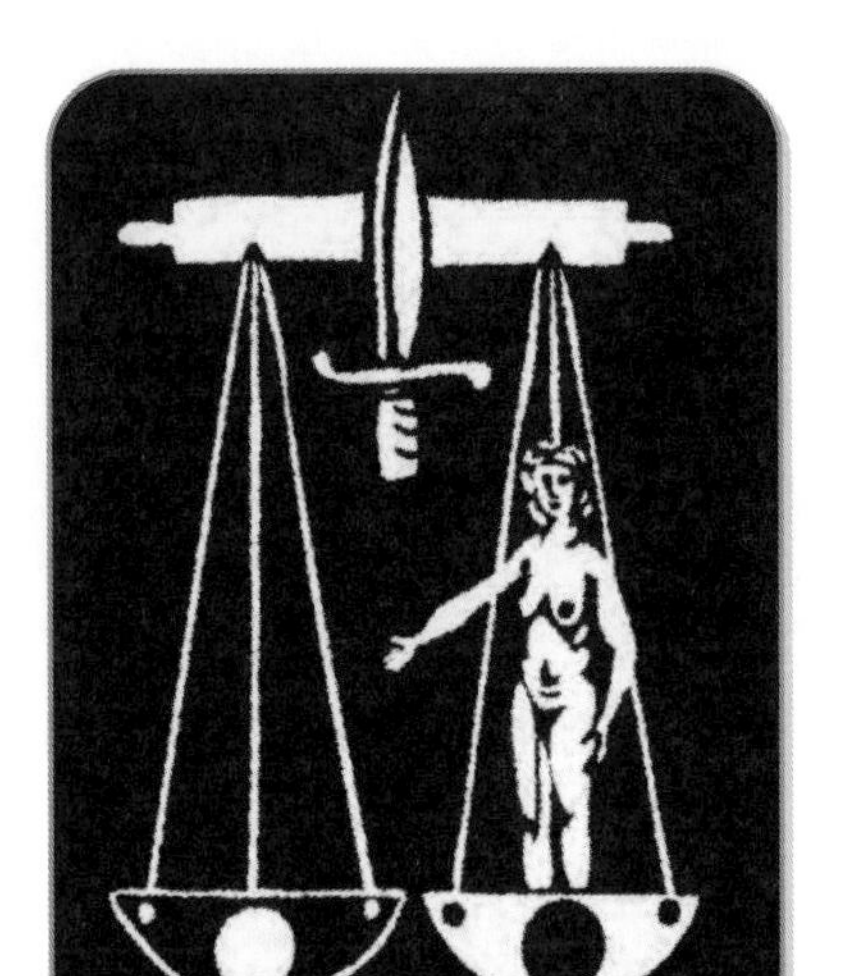

カードの意味

正位置　バランスよく、法律、裁判、契約、公平

逆位置　不公平、ずるいこと、敗訴、不満

皆さんは**正義**という言葉にどんなイメージを持たれるでしょうか。困ったときに助けてくれる正義のヒーローや、犯罪者を捕まえる警察官など、色々な存在を想像されるかもしれません。

でもこのカードが登場するときは、そういった助けに来てくれる存在を表すよりも、相談者自身を問う場合が多いです。**正義、つまりは正しさを問うわけですが**、似た意味を持つカードに「司祭」があります。法律で正しさを問う「司祭」と違うのは、これは相談者自身の心にある正義や公平性を問うところにあります。

正しいかどうかという基準は、善か悪かの判断だけではありません。あなたの選んだ判断は正しかったのかどうか、公平であるのか。本当に大切にしなければいけないことは何か。様々な正義を問いかけてくるカードです。

身近なお悩みに例えるなら、恋人や結婚相手がいるとして、果たしてその人とこの先の人生を歩むのが本当に正しいのか。関係性が自分本位になっていないか、あるいはどちらかを犠牲にしていないか、そういった公平性も問いかけてきます。

だからでしょうか。「正義」が現れたときには、とても悩ましい状況にあることが多いかもしれません。

恋人との別れの相談は占い相談の中でも特に多い案件で、よくあるパターンは浮気や金銭問題。これは殆どの場合において相手が悪いので、正義はあなたに有りとなるでしょう。ですがそんな単純ではないのが男女の関係です。

これもその話のうちの一つです。

相談者にどのような状態なのかをお伺いしてみれば、彼氏は病気がちな方で、働きたくても働けない。だから稼ぐことが出来ないのだと言われます。ではどうしているかというと、自分が働いて彼氏の面倒を見てあげている。相談者の経済状況は悪くないようですが、まだ結婚もしていない男性に対して、どうしてそこまでしてあげるのかという疑問があります。

よくよく話を聞いていると、寝込むほどの重病ではなく、メンタル的に病まれているわけでもない。在宅ワークなど職種によっては働けそうな状態に思えます。どうにも彼氏はヒモ状態であることに甘んじているのではないかと見受けられました。

彼女も彼に働くよう何度も説得したそうですが、何をしたってダメだと言って引きこもってしまう。そんな状況が何年も続いているというのに、結局見捨てられずに面倒を見てしまう自分。

何か彼に貢ぐような恩があるのか、それとも惚れ込んでいるのか確認してみるとそうでもない。ただ、元気がない彼を見ていると放っておけない。見捨てるなんて可哀想。それが彼女なりの正義だったのでしょうね。

でも果たして、二人の人生において本当に正しいことなのか、**「正義」**のカードが問いかけます。

自分が正義であると思っていることでも誤っている行為というのは、世の中にはごまんとあります。インターネット上には間違った正義を振りかざして、聴衆を煽る人もいますし。世の中で起きている大きな犯罪でも、捕まった当人は正義感のもとに行ったことだってある。これらは極端な例ですが、間違った正義なんていうのは世の中に沢山はびこっているということです。

この件についても、彼女自身は薄々わかっていたのです。今の状況が本当に正しいのかどうかずっと疑問を抱いていました。もしかしたら、自分が面倒を見続けるから彼が働こうとしないのではないかと。だって、何もしていなくてもご飯は出てくるし、お小遣いだって与えて貰っている。そんな状況で堕落しない方が難しいのではないでしょうか。

結婚の見通しなんて到底ありません。この行き詰まった関係をいつまで続けるのか、ついに本気で考えなければいけないタイミングが来たと、カードが伝えているようでした。

ずっと正義の天秤を見比べ続けていた彼女は、考えに考えた結果、心を鬼にして彼と別れることを決めて、実行されました。

別れた当時、弱った子犬を土砂降りの中に捨てるような気分だったと言っていたのが、印象に残っています。

でもその後、普通のサラリーマンの方とあっさり付き合われます。またご相談に来られたときには、憑き物が落ちたようにすっきりとされていました。

ずっと一緒に暮らし続けていたことで、自分が面倒を見ているという責任感を持ってしまい、見放すことへの罪悪感にかられて何年も過ごしてしまったわけですね。

しかし本当に互いの人生を幸せにしたいと思うのなら、互いにとって公平な関係にあるのがよいと思うのです。また、もし本

当に助けたいと思うのなら、彼と一緒に状況を打破しようと動くのではないでしょうか。

運命が切り替わる瞬間はいつも、変化と決断の先にあります。一緒にいても行動を起こせなかったのだから、離れて正解だったのではないかと、私は思います。

9
隠者

カードの意味

正位置
寂しい、孤立、偏屈、老人、研究

逆位置
引きこもり、頑固、苦労、秘密

「隠者」には杖を持った老人が描かれており、これはいわゆる仙人を表しています。仙人のように一人、山にこもって孤独に暮らしているという、とても寂しいカードでもあります。

一方で超越した存在でもあることから、達観した人、悟りを開いた人でもあり、報酬を抜きにして他者に

尽くそうとする傾向があります。

ただ、そのような状況で暮らす人故に、偏屈な人でもあると象徴されます。自分の意固地さが仇になって孤立している人など、気難しい方に出てくることが多い。仙人は山ごもりをしているわけですから、自分で自分を追い込んでしまうような人が多い。

そういったときには周囲のタロットカードもしっかり見て、「隠者」が置かれている本当の状況をまずは確かめてみましょう。

ある相談者の方も、まるで**隠者**のように孤立してしまっていた人でした。

信頼出来る身寄りがなく、頼れる人の少ない状況ながら一人でお店を立ち上げて頑張ってこられました。それなのに突然がん宣告を受けてしまいます。

病院からはもう手の施しようがないと言われ、どこにも頼るところがないと、絶望を背負って私のところへ来られました。

「隠者」は重篤な病気を抱えている方にも現れやすいカードです。自分は助からないと思い、どんどん心身から孤独に苛まれてしまう。ですが「隠者」の周りに何が出ているかを見ると、決して絶望ばかりでないことがわかります。

一人で必死に頑張ってきたことはその方の自信でもありました。しかし人付き合いが元々得意ではなく、誤解を受けやすい方だったため、プライベートはいつも一人。裏では一人酒を煽ることも多かったようで、内心とても寂しかったのではないかと思います。「隠者」のカードからはそんな心境も感じ取れました。

でも、いつも悩んでいるのは、自分のことよりも友達やバイトの子が何をしたら喜んでくれるのかということ。心根はとてもよい方なんですよね。自分では味方が少ないと言われるのですが、本当にそうでしょうか？

占ってみれば、「隠者」の周り、特に未来を示すカードには元気なカードが現れていました。彼女は絶望的な状況にいるように見えるけれど、希望が失われているわけではないと私は確信して、とにかく諦めないよう励まし続けました。

セカンドオピニオンを勧め、どの病院がいいかも見てあげて紹介しました。すると大変幸いなことに名医に巡り会えたのです。がんの手術は無事成功され、今では仕事にも復帰されています。

サポートしてくれる友人たちの存在にも、病気を機に気づけたと話されていたのが印象的でした。どん底から這い上がって得られたものは、かけがえのないものに違いありませ

ん。

この方もそうだったのですが、孤立してしまうような人だからといって、決して人間が嫌いだとか、傷つけようとしているとか、そういう悪い人ではないのです。

相談に来られた方を諭すときには、独りよがりになってしまわないよう周りにも目を向けられるようアドバイスする感じでお話ししています。

自分からグイグイ相手に近寄ってしまう人には、「向こうからやってくるのを待ってみてはどうですか」と話してみたり。ちょっとありがた迷惑な感じになっている人には「その気持ちを身近な人だけでなく、ボランティアにもぶつけてみてはどうですか？」とアドバイスしてみたり。

そうして自分で自分の孤独を生み出さないよう、促していくのが大事ではないかと思っています。

何より孤独へと陥れてしまうのは自分自身。寂しさが一番の毒です。運命を鍛える術は案外身近にあります。まずは落ち着いて周囲に目を向け、耳を傾けてみて下さい。


「隠者」は孤独を象徴する以外にも、苦労を表すことも多いです。しかも報われない苦労ですね。

男女の関係で**「隠者」が逆位置**で出てしまうと、よい展開にはならないと思った方がいいかもしれません。特に不倫関係だとそうですね。不倫という時点で既に報われていませんが、さらに辛い展開で終わってしまう可能性があります。

本当に相手のことが好きでたまらなくて、不倫でも構わないとまで言う熱烈な女性がおられました。彼に対して見境なく何でもしてあげてしまうんです。お金のことも、仕事のことも。

周りや生活を顧みずずっと仕事を続け、しかも起業したばかりでお金もかかる人です

が、相談者の方は熱心にお金を工面されていたのです。

そして不倫相手はそのお金を返す気配はなく、遠慮なく使って仕事に没頭している。その自分勝手ぶりも、「隠者」は象徴していたのだと思います。本妻とお子さんも同じような感じでお金の工面を続けていたようでした。実に、報われない予感しかありません。

それでも相談者は彼に貢ぎ続けました。そうして何年か経った頃、彼の仕事もようやく軌道に乗り利益を出せるように。すると手のひらを一気に返して、彼女を冷たく突き放してしまいました。

しかしそれは予測出来ていたことでした。本妻と離婚する気なんてなく、酷い言い方ですが、お金とセックスが目的でしかなかったんです。

お金も時間も愛情も目一杯注いだのに、呆気なく見捨てられて、全く報われず終わってしまった。

これは極端な事例かもしれませんが、**「隠者」の逆位置**が出たとき、ご自身にもし何か後ろめたいことがあるなら、自分から早く精算してしまった方がよいように思いますね。山の中にこもっているだけでは、運命は切り開けないのです。

10 運命の輪

カードの意味

正位置
チャンス、同じことの繰り返し、節目、一年という期間

逆位置
チャンスを逃す、不運、空回り

カードに描かれているのは運命の歯車。運命は絶えず変化をするものですが、このカードが現れたときには、運命を大きく変えるチャンスが到来していると解釈することが多いです。

あくまでチャンスですから、ちゃんとチャンスを逃さずにいられるかどうか、回る**「運命の輪」**にちゃんと乗れるかどうか次第なんですね。

わかりやすい事例でいくと、恋愛のご相談ごとが多いです。日常では中々いい人に巡り会えなくて、婚活パーティーに行こうかどうしようか悩んでいる、そんなご相談時に**「運命の輪」**が出てくると、ぜひ行きましょうとなります。輪の流れに乗って、人の集まる場所へ向かいましょうと。あなたの人生を動かす何らかのチャンスが待っているのは確かだと思います。

それでなくとも、「婚活を続けているけれどいい人に出会えない」「何人か付き合ったけれど続かない」「不倫にまで手を出してしまったけれど、やっぱりいいことなんてない」「この先ずっと一人なのだろうか」と悶々と悩まれている方、沢山いらっしゃいます。

どこで出会えるか、うまく関係を築けるか、パートナーを求める人たちにとって永遠の課題です。

もしかすると、案外気づいていないだけということはないでしょうか？　ご自身ではピンと来るものはなかったけれど、アプローチをかけて来られる方、身近にいませんか。タイプではないから違うとスルーした相手であってもです。

自分では気づかなくても、実は……なんてこともあります。

占いは、漠然としたことを占うと、結果も漠然とした形で返ってきてしまいます。「この先出会いがありますか？」なんて聞いて、「運命の輪」が出て来たとしても、どんなお相手かまで絞り込むのは難しいものです。

占い方のコツとして、消去法的に目についている相手を占ってみるという手がありま す。

ちょっとでも気になったことのある方や、自分へアプローチをかけて来られている方がいるなら、その方たちを占ってみましょう。そうやってピンポイントに占うと、いいか悪いかはっきりして、とてもわかりやすいですよね。

極端な話、会社の同僚を一人ずつ占ってみて、誰もよい結果が出なかったなら、社内恋愛はないという結論を出して、社外の婚活に集中してしまえばいいんです。

やはり人の出会いというのは突然降って湧いてくるというのは少なく、道端でバッタリなんてことはそうそうありません。職場や学校など、自分の活動圏から何かしらのご縁が発生するということが多いと思います。

それが、まさかなあ……と思ってしまうようなお相手であっても、劇的に展開することだってあります。名刺交換でちょっとお話をしただけの人だから、そんな展開になるわけがないと思われていても、これが意外とあるものです。

何でしたら、仕事で少し取引があっただけなのに、さらに日本人でなく、住まいも海外の人なのに、結婚にまで至った方だっています。

その女性も、いい出会いがないまま不惑の年を迎え、このまま独り身の人生を過ごすのかと悶々とされていました。

仕事で取引先との交流が多い方でしたので、周囲に何か記憶に残るような人はいないか聞いてみたら、いらっしゃったんですね。最近メールをやけにくれる人がいると。

会ったのも片手で数えられる程、しかも日本にいないのに縁も何もないでしょうと検討対象から除外されようとしましたが、占うだけ占ってみましょうと勧めてやってみました。すると出てきたのは**「運命の輪」の正位置**。

ちなみにその人以外も、何人か同様に占ってみましたが、大した結果は出ませんでした。

そうなると私の解釈では、もうこの男性しかいないとしか言いようがありません。

だからといって簡単に距離を縮められる人ではありません。何せ物理的な距離が遠過ぎ

ます。メールはとりあえず返しておいて、またお仕事する機会が出来たらこちらからアプローチでも……というのが順当かなと思うところです。

ただ周囲のカードの結果も相まって、私はどうにもこの方が気になりました。旅行として彼の国に行ってみてはどうかと提案してみたのです。会うか会わないかは別として。

その方とではなくても、今回の件をきっかけに思い出した国を旅することで、運命が変わるという展開もあり得ます。何にしろ彼の存在がキーなのは間違いないから、ぜひ行ってみましょうとお話をしていました。

運命とは、ほんの些細なことであったとしても、行動を起こさなければ何も変わりません。彼女はそのためにも行動を起こされました。
その後、彼女が相談に来られることはなくなりました。それもその筈、本当に彼が住む国へ旅行し、しかも彼と再会。そしてあれよあれよと交際へ発展、結婚にまで至っていたと人づてに聞きました。

こういう風に、思わぬところからこうして運命的な展開を引き寄せることだってある。それを暗示するのが「運命の輪」なのです。

カードの意味

正位置 勇気、強気、ひるまない、乱暴な

逆位置 弱気、見栄っ張り、ゴリ押し

「力」のカードは衝突や対立といった争いごとを想起させるカードです。

似た意味でいうと「戦車」のカードがありますが、「戦車」の場合は戦う相手が決まっていることが多い。一方で「力」の場合は、相手や進む方向が決まっているわけでなく、標的も定めず自身の力を放出し

ているようなイメージです。

男性にこのカードが出てしまうとあまり好ましくない状況が多く、これもパワハラやモラハラといったハラスメント的な状況を指す傾向がありますね。

特に経営者や役職者といった権力を持っている立場の人に出て来たときには、「周りに言い過ぎていることはないか？」「異様に恐れられていないか？」と自身を見直してみて欲しいと思います。

また、欲望とも関わりが強いカードです。人が力を行使するのは何かしらの欲を満たしたいから。お金や名誉、性欲のために力を振りかざした浅ましい事件は、日々世の中を騒がせています。

もちろん悪いことばかりではありません。ピンチの状況、不況、逆境という状況においては、**「力」**のカードがまさに乗り越えるための力を貸してくれることがあります。

仕事のご相談でこのカードが出ると心強いですね。プロジェクトが進行していたのなら、相談者自身が力を発揮するか、力を持った誰かの協力が得られるか。何かしら後押ししてくれる力が現れるでしょう。

仕事に関するご相談には、出世や転職に関するものがとても多いです。中でも他社からのヘッドハンティングであれば誰しもが悩むところではないでしょうか。

まず、今いる会社との別離を選ばなければなりません。これまでの立場があったり、恩義もあったりと、別れがたい理由があれば尚更、二の足を踏んでしまうでしょう。

そして行く先の会社が果たして自分の人生にどう左右するのか、入社する前から予測することは難しい。果たして受けるべきかどうかと悩まれ、鑑定に来られることが多いです。

そんなときに**「力」**のカードが出ると、ヘッドハンティングを受けてもよいという結果になりやすいです。きっとその方の力を発揮することになるだろうと。


実際、ヘッドハンティングを受けて力を発揮された相談者の方がいらっしゃいました。

ある大きな会社より組織経営に参画して欲しいと誘いがあり、迷われているという女性からのご相談。

一般社員としての引き抜きではなく、経営層としての引き抜きです。背負う責任は非常に重く、簡単にお返事出来る人は少ないでしょう。

ただでさえその会社はジリ貧状態で、且つ絵に描いたような男社会でした。女性である自分が行っても相手にされないか、軋轢を生むだけで終わるのではないかという心配をされていたのです。

先方には、一気に改革するためにも社外から実力ある人を引き抜きたい、男社会になっている現状もこの機に変えてしまいたいという思惑がある。

その方はとても凛とされた聡明な女性で、はっきり物事もおっしゃる男勝りな強さもお持ちでした。今でいう「バリキャリ」の先駆者と言っていいかもしれません。メディアにもよく出ておられ、同業の方と堂々と議論されているのを目にしたこともありましたから、今回のお話に後ろ向きな心境だったのが意外なくらいです。

占ってみて、出た結果は**「力」**。力で制し、圧倒的優位に立てるだろうと暗示されていました。ですのでお受けしてはどうかと勧めました。

確かに古い考えの男性たちが寄って集って立ち向かってくるかもしれません。でもその男性たちがどんな人なのかも占ってみれば、大体は虚勢を張っているだけの人ばかり。強気に見えて内心はヒヤヒヤと怯えている。

本当に力を持っているのはあなたの方ですから全て薙ぎ倒していける、大丈夫だと後押しし、そして彼女はその会社の申し出を受け入れられました。

すると、会社は右肩上がりに経営を持ち直し、国内外の大手取引も増えて、目覚ましい発展を遂げたのです。見事な力を発揮されていました。

ただ力で制すると、どうしても反発因子が現れます。元々懸念していた男社会の影響は完全になくなることはありませんでした。女性に対する圧力は多く、力のぶつかり合いがよく生じていたようです。

十年以上の長きにわたって経営層の先導となり頑張って来られましたが、組織内で意見の対立があり、日増しに大きくなっていく派閥争いから、やがて辞任するに至りました。

最後まで全うされなかったのは残念では

ありますが、人生はまだまだ終わりではありません。この経験はきっと彼女の大きな力になったことは間違いなく、鍛えられた運命により、また別の場所で力強く活路を見出されることでしょう。

12 吊るし人

カードの意味

正位置

ペンディング、中途半端、結論が出ない、くじけそう、自己犠牲

逆位置

自己犠牲、徒労、尽くし過ぎる、挫けそうだが、光明がある

「吊るし人」が現れる人には、途方に暮れている人が多いですね。結論が中々出せず、絵の如く宙ぶらりんな状態が続いている。

正位置で描かれているのは、男性が木に足を括り付けられて吊るされている状態。でもこの吊るされている人は、自ら進んで吊るされていると言われており、表情も苦しくはな

さそうで無表情であることが多いです。故に自分が犠牲になるという意味もこのカードには含まれているんですね。

とはいえ頭を下にして放置されている様は、無表情ですが、途方に暮れているようでもあります。ですので逆位置で登場する方は、未来は解放されていくことを暗示します。

正位置で出てしまうと、まさしく今が宙ぶらりんの状況ということを示します。現在進行形で結論が出ない悩みごと、そんなときには「吊るし人」が正位置で現れる。吊るされてどこにも逃げられない状態であるということです。

病気関係、それも精神的な病気だと易々と解決が図れないことが多いです。手術をして治るものではないですし、薬を飲んでもよくなるとは限らない。

しかも悩みは病気だけとは限らず、お酒や買い物など依存的な症状のあるものだと、いつの間にかとんでもない金銭問題を抱えてしまっていることも。

そういった人が家族や身近にいると、**「吊るし人」**が現れる傾向にあります。大事な人であるが故に、自己犠牲を払ってでも面倒を見てしまう。そして面倒を見られている人もまた、**「吊るし人」**のように身動きが取れない自分に葛藤しているのです。

先が見えず、途方もない話のように思われますが、**自己犠牲の精神がいつか報われる日が来ます。そのためにも一つだけに心血を注がず、奉仕の心を外にも向けてみることもお勧めします。月並みに思うかもしれませんが、利他的なボランティアや慈善事業などの行為は運気を上向かせてくれます。**

苦しい中の努力で得た運気が相乗効果となり、吊るされた存在にも光明が差し込むかもしれません。

「吊るし人」は家庭問題にも現れやすい傾向にあります。転職という手段のある仕事や、結婚の相談に比べ、夫婦や血縁の家族となるともう簡単には切ることができない関係です。ずっと辛い長期戦が生じ、問題も積み上がりやすいものです。

だから深刻で厄介なお話も多く、夫のハラスメント、家族の介護、子どもの引きこもりなど様々です。中でも家族からＤＶを受けているというお話は、聞いていると本当に辛くてたまりません。

夫婦間でのＤＶ問題は結婚してから判明する場合が多いです。だとしても離婚に踏み切れればよいのですが、子どもが産まれてからではそれも簡単ではなくなってしまいます。

私のところにも別れたいけれど、どうすれば別れられるのかと、よく相談に来られます。

そんなときにこの**「吊るし人」が逆位置**で現れてくれると、長い苦労からの解放を意味します。簡単には解決しない場合が殆どですが、光明は見えているので、諦めず少しずつ行動をしていきましょうとお話をしています。

中にはコツコツとお金を貯めて、本当に逃げ出された方がいました。でも決着がつくまでは相当の時間と労力を要したそうです。

その方は20年近く夫のＤＶに悩まされていて、いつか逃げてやるという強い思いを胸に、長い年月をかけ地道に貯金をされていました。

鑑定に来られたのはその貯金が十分に貯まった頃合いでした。決意は十分に固まっておられるので、いつ離婚出来るか、ちゃんと決行出来るのかということを聞きに来られたのです。

子どもも父親から離れたい意志が強く、自分に付いてきてくれる。状況は十分整っているように見えました。

出た結果は**「吊るし人」の逆位置**。きっと大丈夫ですから、着実に進めて下さいとお伝えしました。ただし慎重に。

お子さんがまだ若かったので、学校との兼ね合いや仕事のことなど、一番安全な時期を相談しました。そして夫にはくれぐれも絶対にバレないよう気を付けてと念押ししました。余計に被害が大きくなる可能性が高いからです。

彼女はアドバイスの通り、物凄く慎重にされていました。だからこそ資金だって長年かけて貯められたのです。でもどれだけ気をつけていたって、障害はいつどんな形で現れるかわからないもの。

次に来られたとき、計画が一旦白紙になってしまっていました。理由は子どもとの関係が険悪になってしまったからだと。

事情をお伺いすると、夫との夫婦関係を目撃されてしまった。復縁されたのではなく強要されたのを仕方なく受け入れられていたのですが。お子さんも男女関係を徐々に分かってくる時期で、敏感な子どもからすると理解し難いことだったのです。

一緒に連れていこうと思っていたお子さんは深く傷つき、母としての信頼を失ってしまいました。だからといって子どもを置いて一人で出ていくわけにはいきません。

それが再び動き出したのはさらに数年後。お子さんも歳とともに男女の関係を理解出来るようになり、母娘は関係を持ち直すことが出来ました。そうしてようやく、二人揃って静かに家を出ていくことが出来たのです。

夫はすぐ二人に接触を図ろうとしたそうですが、弁護士に依頼し、一切の接触を絶たれました。今では二人で平穏に暮らしているようです。

このように最終的には解決は出来たものの、解決に至るまでには様々な苦労がついて回ります。「吊るし人」のように長い間宙ぶらりんにされて、簡単に結論は出ないけれど、いつか報われる日が来ると信じて、諦めないことが何よりも運命を切り開く力になります。

13

死神

カードの意味

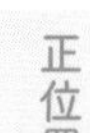

正位置

中止、破産、停止、死、離婚、リセット

逆位置

再生、生まれ変わり、仕切り直し、復活、災い転じて吉

ドクロに大きな鎌という絵柄や、死というワードから、見るからに恐ろしい印象を与えるカードです。ですが怯えなくても大丈夫。**「死神」**と言っても、怖い死神もいれば、案外可愛い死神が現れることだってあります。

タロットはやはり、出る場所や、他のカードとの組み合わせによって意味が左右します。死という言葉だけを取ると、何もかも終わると絶望を感じられるかもしれませんが、そんなときにこそスプレッドの中身をよく見てみて下さい。

「死神」が現れたのが過去や現在なら、すでに死にそうな苦難を乗り越えた後かもしれません。今悪いことが起きているのだとしたら、その出来事があるおかげでさらに悪い展開から逃れられているという可能性だってあるのです。これからよい出来事が待ち構えている兆しかもしれません。

「死神」には不吉な意味も確かに含まれていますが、中止やリセット、そして再生を意味することもあります。死んだ気になってもう一度生まれ変わり、新しい展開がやってくる、そういった意味でも解釈してみて下さい。

大鎌はあなたの首をはねるわけではなく、ダメ男との悪縁を断ち切ってくれる味方かもしれない。**「禍を転じて福となす」**とも言います。実際、ダメ男との関係を「死神」に従って断ち切った後、玉の輿の結婚が出来たなんて人もいます。

ですから「死神」が出たからといって恐れないで。どうしても納得いかないなら、もう一度占い直したって構いません。その行動を促したこと自体が「死神」の思し召しかもしれませんから。

自身の人生を占っているときにこのカードが出てきた人は、よくも悪くも、どこか死神を想起させる方が多いかもしれません。

死神というと、冷酷で凍りつくような怖いイメージがあります。人間でもそういう印象を抱いてしまう人、あなたの周りにもいないでしょうか。人を人と思わないような人、サイコパスだなんて言われるような人もいますね。

将来を占ってみて**「死神」**が現れた相談者のお一人に、恋愛も仕事も本当に冷め切ってしまっている方がいました。接客業で活躍されているのに、まるで氷のような、とにかく冷ややかな表情をされていたのを覚えています。

好きな人が出来ないことに彼女は悩んでいました。どれだけ金持ちだろうと、イケメンであろうと、優秀な人であろうとも、胸打つようなときめきなんて全く生まれないと言うのです。

確かに、仕事が順調でお金は十分に稼がれており、お金でアプローチをしてくる人がいても彼女にとっては大したことがありません。

出会いのきっかけとなりやすい職場であっても、仕事で会う人たちはあくまでビジネス

の関係でしかなく、冷たい言い方をしてしまうと同僚だろうと取引先だろうと、お財布にしか見えない。

だからか損得の割り切りも早いんです。仕事から恋愛にはとても発展しそうにありませんでした。

ならばその稼ぎを元に自分で店を作って、仕事に邁進してはとも思うのですが、自分で起業しようと思えるほどの気持ちもない。何もかもに冷め切っていました。

どうしてそんなに冷めた心を持ってしまったのか。彼女の人生を紐解いてみようと、家族関係を伺ってみました。

すると家族は親も兄弟も誰も働かず、彼女にぶら下がって生きている。家の中には彼女の稼ぎを搾取する人しかいなかったのです。

彼女の心を凍らせてしまった根本的原因は家族にあったのだとわかりました。恋愛にも仕事にも前向きになれないのも、身近にいる大人がこの搾取する家族たちなのですから。当然よいイメージなんて抱けないですよね……。

しかしながら家族以外の人間関係にはとてもドライで切ってしまえるのに、このぶら下

がっている家族たちはドライに断ち切ることが出来ないでいる。

死神は命を自由に操れると言います。本当の「**死神**」は彼女を指しているのではなく、背後にいる家族の方だったのかもしれません。彼女の心は当分溶けそうにありませんでした。

この関係を断ち切ることが出来れば、死者のような人生が終わり、運命を切り開いて新しい人生が始められる筈です。

あるいは、いつか彼女を縛り付けている鎖を断ち切り、凍りついた心を溶かしてくれる、暖かな心を持った人が現れることを願ってやみません。

14 節制

カードの意味

正位置
自制する、我慢する、コントロールする、理性的な

逆位置
価値観の相違、不和、我慢の限界、間違った我慢

自制心や我慢といった理性を問う意味を持つ**「節制」**。このカードは浪費や浮気など理性的ではない行動をしていないかと問いかけてきます。

ちなみにカードのデザインに描かれている存在は大天使ミカエル。禁酒の神様とも言われており、まさに節制の象徴です。今の在り方が果たして正しいのかどうか、このまま進んでいいのかどうか、彷徨うあなたに聞いてくれます。

あるいはもう我慢しなくていい、自分のやりたいようにすればいいという判断を促すときもあります。ブラック企業で働き続けている人に出たなら、もう転職した方がいいということですね。


今の仕事に悩み、転職したいと思っても、今日明日すぐに出来るものではないですよね。そんなときに**「節制」**のカードが出てくるといい判断基準になります。もう我慢のならない状況があるなら、今すぐにでも転職活動を始めましょう。


以前にも、まだ転職経験のない二十歳前の若い女性が、これからの仕事について相談に来られたことがありました。

若くして水商売の世界で働いていて、すっかりお客さんも定着していた。人気者の彼女は、大学生でバイトしている同年代に比べれば何十倍も稼いでいました。

けれど稼いだお金はホストの彼氏に貢いでしまったり、仕事にしか使えそうにない派手な服やメイクに使ったり。結局自分自身のためにはなっていない。何のために働いているのかわからなくなり、このままでいいのかと悩まれていました。

そんな折、彼女の事情を聞いてくれた常連さんが、自分の会社で働いてはどうかと提案をされます。ですが彼女にはその話に乗るべきか判断が出来ないでいました。全く違う業界で、夜の商売から一気に昼の事務的な仕事へ切り替え。そもそも誘われている会社自体が大丈夫な会社かどうかがわからない。社会経験が浅いので、会社や仕事のよし悪しについて見極めが難しかったのです。

聞いてみると、なんと私もよく知っている上場企業の会社です。特に問題はないように見受けられました。だとしてもそんな大きな会社で、特に活かせるスキルのない自分が勤めても大丈夫なのか。

そもそも紹介してくれたお客さんだって、もしかしたら下心があるかもしれない。心配事を並べていくと切りがなくなっていきます。

確かにお客さんの中には、店外でも交流を深めて、あわよくばよからぬ方向へ持っていこうとする人も確かに存在します。不安に思うのもわからなくはありません。

でも今回はそういうお誘いではなく、転職の斡旋みたいなもの。でしたら真っ向から面接を受けてみればいいんです。受けるだけ受けて、「怪しいかも」「合わないかも」と感じるのなら、面接を受けてから断っても遅くはありません。

そういった事情も伺いつつ占い、現れたのが**「節制」の正位置**でした。我慢を経て正しい道に進むのだ、と。現状を悩み続けている彼女にとって、これはターニングポイントだと解釈しました。

彼女にとっての我慢が特に何を指すのかは、そのお客さんや仕事よりも、貢いでいるホストとの関係だと思いました。我慢すべきは彼との距離。ホストである彼の生活に合わせていては、昼の生活なんて出来ないからです。

彼女に限らず、転職に迷っていると、辞める理由より辞めない理由を考えてしまう方が多いです。辞めた後に上司や同僚、周囲の人がどうなってしまうだろうか、自分が引き継いだ仕事は大丈夫だろうかと。

でもそんなこと、辞めてしまったら大抵のことは関係がなくなるのです。そもそも辞めた後の人に頼る会社の方に問題があるのでは?

彼氏とだってそれが理由で関係が拗れてしまうなら、その程度だったと踏ん切りを付けてしまうのも一つです。これから長い自分の人生を考えたときに、どちらの方が必要な経験かを考えてみて欲しい。

押し寄せる様々な迷いに対し、後押しをしてくれるのが占いの役目でもあります。

転職はきっと上手くいく。でもそのためには、彼氏に会いたい感情を我慢出来るかどうか、考えてみて下さいとお伝えしました。考えた結果、彼氏とはちゃんと距離を置いて、転職をするという判断をされたのでした。

そうして無事面接に受かった彼女は、派手な服もメイク道具も手放し、日の出ているうちに働く生活に切り替えられたのです。

心配されていたパソコンなどのスキルについても、若い彼女ですから飲み込みは早く、すぐに覚えられたようです。収入は下がったものの、新たに得られた暮らしは彼女の気持ちを前向きにしていきました。それは彼女の自信にも繋がったようで、学校にも通いどんどんスキルアップされていきました。

何より素晴らしいと思ったのは、自分の経験を活かして、同じように悩んでいる子たちの相談相手になってあげているとのこと。何もないと思っていたところから、転職に成功した彼女の話には、勇気づけられるものがあるようです。

私はタロットの結果をお伝えしただけで、人生を変えられたのは彼女自身の行動力です。そしてこの行動力こそが、運命を鍛えるためのエネルギーなのです。

でも、この占いがなければ人生を変えられなかったと後に深く感謝されたのを、大変嬉しく覚えております。

15 悪魔

カードの意味

正位置
悪習慣を断ち切れない、背徳、堕落、犯罪、非合法なこと、薬物

逆位置
腐れ縁の解消、正気になる、怠惰な中毒からの解脱

これも見るからに怖いカードですよね。悪いカードが出ても悪いことばかりではないとはいうものの、**「悪魔」**が出る方には、いかんとも し難い状況が多いのは確かです。不倫をずっと続けてしまう方だとか、セフレとの関係を断ち切れない方だとか……。

「悪魔」が出る方は執着心の強い方

が多く、不倫していたなら相手の方をずっと追いかけてしまうんですね。自分が結婚してもまだ不倫を続けてしまう。

中には、不倫を続けるために自分が離婚してまで相手に執着してしまう人もいます。自分に子どもがいてもデートを優先。さらには相手の家庭に対して、破壊願望に駆られる傾向もあります。

不倫をする人には、罪悪感を抱きつつやめたくてもやめられない人と、自分の熱情を優先していつまでも関係を続けたいという人に分かれます。

ある相談者の方はこの後者に当てはまり、結果にも「悪魔」が現れていました。続けていてもいい結果にはならない、のめり込まないように、熱くなり過ぎないようにと常々お伝えするのですが、彼と会ってしまうと、忠告を忘れて楽しんでしまう。人間とは業の深い生き物だとしみじみ思ってしまいます。

そういう相談者に対して、ストレートに「不倫なんてダメ」「相手の不幸を願ってどうするの」などとお伝えしても、聞き入れられず反発されてしまいます。

だから、『忠告』としてお伝えしないようお話しするのがコツです。占いの結果としてこう出ていますと、率直にカードが示しているとお伝えすると、案外聞き入れてくれるようになります。

実際そうでもあるわけですが、何より人に言われているのではなく、まるで神様やハイヤーセルフからの暗示という形で目にすることによって、聞く耳を持てるようになります。そうして根気強く諭していくうちに、自分の願いは叶わないと悟り始めます。

その頃合いを狙って、勉強や仕事など別のことに意識を向けてみて貰うよう促します。すると徐々に気持ちが整理出来るようになります。人は裏切りますけれど、勉学や仕事に注いだ努力は裏切らないですからね。

すると「悪魔」は出なくなり、「節制」のように変化を問うカードが現れます。ここで男女関係については落ち着き、少し安心となりますが、その方にとって寂しい気持ちが解消されたわけではありません。

新しい出会いか、それとも仕事の目標か、寂しさを解消するものを見つけ、これからの運命を前向きな方向へ導いていくのも、フォーチュンテラーとしての役目だと思っています。

「悪魔」は自分ではなく周りに潜んでいることだってあります。その場合は思いもよらぬ方向へ人生を狂わされることがあるので要注意です。

結婚について占いに来られた方の話です。話を聞いていると仕事は薄給、それなのに実家が火災に遭ってしまい大変な状況でした。経済的に苦労されていそうなのに、髪やメイクはバッチリ、服やバッグはブランド品で揃えられていて……。

見た目の雰囲気に疑問を抱いていると、ある男性のことを紹介されます。恋人ではなく彼女のパトロンでした。彼女に関わるお金はこの男性がほぼ面倒を見ておられた

のです。身なりだけでなく、実家までプレゼントされたと聞いたときには驚きました。

彼女は有名人でもない、ごく一般的な仕事をしている女性です。どうしてそこまでしてくれるのか。聞くと非常に特殊な関係がありました。彼のやや過激な性癖を満たすことで贅沢な生活をさせて貰っていたのです。

彼女が相談に来られたのは、このまま彼の世話になり続けていいのかという疑問を抱いたからでした。いつか自分の店を持ちたいと夢を持ち働いていたものの、必要な資格を習得出来ず叶わずじまい。挙句続けていた仕事も辞めてしまい、完全に彼に身を捧げるような生活になってしまっています。

本心を尋ねると、彼が夜な夜な要求する行為には正直嫌悪感が拭えない、でも要求に応えれば将来の不安は紛らわせられる、と話してくれました。

一方、パトロンである彼の気持ちも伺いました。すると、彼女を縛り付けるつもりはなく、もし他に結婚したいという相手が現れたなら送り出すつもりとのこと。今まで多大なる面倒を見て来たけれど見返りは求めていない。むしろこれまで付き合ってくれたことにとても感謝していると。

彼女から普通の世界で生きていく権利を奪ってしまった。怠惰で贅沢な環境に溺れさせてしまった自覚はあり、責任を取る覚悟をお持ちでした。一緒にいてくれるなら財産だって彼女に残すつもりだと。

そこまで言われて揺らがない人の方が珍しいでしょう。この関係に耐えられれば、贅沢な生活が保証されるのですから。

ただ、彼の言う通り元の生活には戻れません。普通のサラリーマンではもう、彼女の気持ちを満たすことは出来ないのでしょう。

彼女を占うといつも「悪魔」が現れていました。悪魔が指し示すのが、このパトロンである彼との関係であるのはいうまでもありません。肉欲、悪循環、呪縛という意味もあるカードです。

地獄に貶めるわけではないけれど、浮世離れした彼の世界で生きていかなければならない。果たしてそれが幸せかどうか、彼女自身にはもうわからなくなっているのかもしれません。

16 塔

カードの意味

正位置
突然の崩壊、転落、損失、価値観が根こそぎ変わる、災害

逆位置
急死に一生、秘密がバレる、破壊には意味があるなど

タロットの中でも一番悪い、恐ろしいカードとして紹介されるのがこの**「塔」**のカードです。由来は旧約聖書にあるバベルの塔。人間が天に達する塔を建てようとするも、高慢な行為であると神の怒りを買って、建設を妨げられます。

では、このカードが出てしまったら、神にも見放される絶望的な展開がやってくるのかというと、決してそうではありません。劇的な変化、衝撃的な展開という意味が含まれていることにも注目して下さい。

病気について占って「**塔**」が出てしまうと、最悪の事態を考えてしまうかもしれませんが早合点は無用です。他のカードとの組み合わせも見て、読み解くことが大事です。とはいえ何か大きな出来事が起こる暗示ではありますから、注意をするに越したことはありません。少しでも苦難を回避出来るよう心構えをしておきましょう。

ある女性からご相談されたときのお話です。女優さんを思わせる綺麗な方で、アラフィフながら年齢に関係なく惹かれる魅力をお持ちでした。

随分前に離婚されており、子どもも大きくなって自立している。これからは一人で人生を謳歌したいと、年下の彼氏に協力して貰いながら、自分のお店を出そうと準備中。相談内容はそのお店の展開についてでした。

検討されている場所は東京都内の繁華街で、そう簡単には押さえられない物件でした。既に力ある仲介人が便宜を図ってくれたので、後はお店を出すだけという状態まで来ている。彼女の中で青写真は出来上がっているようでした。

しかし、そこで現れたのが**「塔」**のカード。予想外のアクシデント、ショッキングな出来事が待ち受けているかもしれません。

何か大きな波乱が巻き起こるかもしれないから、とにかく慎重に進めて下さいと執拗にお伝えしました。でも、彼氏が法律に詳しいから大丈夫、契約書もチェックして貰っているとすっかり安心されているご様子。

確かに大丈夫かもしれません。ただし、彼が本当に良識ある法律家だったならの話です。物件購入に向けて数百万を振り込むと、その直後、彼氏が雲隠れしてしまいます。結局、振り込んだお金は戻ってこず、物件も手に入らないまま失われてしまいました。

慎重にするために法律家の専門知識を頼ったというのに、まさか頼った相手こそが詐欺師だったとは思いもよらなかったのです。物件を仲介してくれた人も共犯で彼女を騙していたということです。本当に気の毒な出来事でした。

もう一つ、思いもよらぬところで波乱に巻き込まれた出来事があります。

相談者は大手企業に勤めておられる男性。最初は将来、結婚出来るかどうかについてという、至って定番の相談内容でした。

この方にも**「塔」**が現れます。現れたのは生活面を見る場所。よからぬ結婚相手に遭遇してしまうというよりは、他の周りの環境で何か起こる可能性が高そうです。

まだ具体的には見えなかったため、くれぐれも注意して下さいと忠告をして、その日のご相談については終わりました。次に来られたのはそれから数日後のこと、とんでもない事態に見舞われていました。

相談者は母子家庭育ちで、お母様をとても大事にしておられました。実家暮らしを続けていて、収入の一部は母親に預け、その時点で一千万円くらいはある筈でした。

結婚を考え始めたのをきっかけに、一度残高を確認しておこうと母親に尋ねます。

でも、お母様は一向に通帳を見せようとせず、のらりくらりとかわそうとする。母親の態度に彼は不信感を抱き、銀行に確認をされました。すると残高はほぼゼロだというのです。驚いて問い詰めましたが答えてくれないどころか、盗まれただの、ハッキングされたなどと到底通用しない言い訳をする有様でした。

あまりの衝撃に現実を受け入れられず、私のところへ再度相談に来られたわけです。話を聞いて「塔」が示していたのはこれだったかと納得しました。

母親の状況について占ってみると、男性の存在が感じられました。もしや誰かに貢がれてしまったのではないか……。この状況で遠回しに伝えても仕方がないと思い、ありのまま説明したところ、そんなわけはない、母は専業主婦で至って真面目だと全力で否定されます。

彼が見て来た母親は良妻賢母というイメージで、男関係にだらしない母親という結果を信じられず、突き放すように帰ってしまわれました。

しかしその数日後、彼はまた相談に来られました。実はお母様は男に貢いで貯金を使い果たしてしまったと、母親から涙ながらに告白されたのだと……。

自分のことを占って悪い結果が出ると、まずは自分に当てはめて考えてしまいますよね。そのとき自分自身が順調だと、何があるのか想像がつかないと思うんです。

そういうときは周囲に目を向けてみて下さい。家族や恋人、友人、普段何気ない人たちにいつもと違う様子がないか。人を疑うようで後ろめたいかもしれませんが、ちょっと気にかけてみるだけでも、「塔」が示す予兆が見えるかもしれません。

何度もお伝えしている通り、怖いカードが出たとしても恐れることはありません。それは絶望を示すわけではなく、新しいスタート、チャンスという場合もあります。**今まで自分を苦しめていたものと訣別し、心機一転新しい人生が始まるかもしれないのです。**

運命を鍛えるにはリセットがつきものです。リセットをしなければ新しいことは始められない時もあります。浪費してしまったお母様だって、ここでリセットしなければ一生このままだったかもしれないのですから。

17 星

カードの意味

正位置
希望、理想、惜しみない愛、目標、美しい、魅力的

逆位置
現実を知る、挫折、見込み違い、しつこい

　希望、理想といった星のようにキラキラとした意味を多く含むカードです。他にも目標という意味もあります。

「星」が出ると理想的な展開が待っているのかと思いきや、そうもいかないときだってあります。楽しい意味が多いカードではあるのですが、楽しいことが待っているというわけではなく、今を楽しんでいますかと問いかけている場合もあるのです。

転職について相談される方は多く、そして長引くこともよくあります。会社を辞めるべきかどうか、辞めたとしてどの会社に行くべきか、転職後は大丈夫かどうか、悩ましいことだらけです。

負のスパイラルに陥ってしまわれる方も少なくないですね。ストレス過多でメンタルを病んでしまい、それからずっと転職を繰り返してしまっている方がおられました。

また転職を考えていて、今度こそ大丈夫かどうかというご相談もありました。次の転職先は既に決めておられたので、鑑定としてはとてもシンプルなケースでした。そうして結果に現れたのが**「星」の正位置**。

目星をつけていた会社とも相性は良さそうで、この会社で転職活動を進めましょうとお話ししました。

すると、その後も何度となくご相談に来られました。時期はいつがいいのか、引越し先はどこがいいのか、どのマンションがいいのか、などなど……。

都度アドバイスを続けた結果、やっと転職が決まり、引越しもして新しい生活を始められました。

ですがまた、新しい部屋の空調が悪い、スーパーやコンビニが少ない、転職先では周りが冷たい気がして不安だらけだと相談に来られます。

「星」が出たのに一筋縄でいかないのはなぜだろうか。私は一つ気が付きました。この人の生き方には遊びが少なく、人生を楽しめていないのだと。不安症で何事も細かく決めてしまわないと気が済まず、かつ環境の変化に弱い人だったんですね。

でも**「星」**は希望を与えるカードです。これを乗り越えられれば大丈夫、運命が切り開かれるに違いない。私は、「引越しはしてもいい」「でも選んだ職場は大吉だから慣れたら楽しくなる」「仕事は諦めないで続けてみましょう」と根気強くお話ししました。

私がそこまで言い切ったのにはもう一つ理由があります。「星」は美しいものを見せてくれる存在でもあります。新しい職場は木々に囲まれたとても美しい場所にありました。その環境が彼を希望に導いてくれるに違いないと確信していました。

そうして暫く経ってからお会いすると、表情から不安が拭われているのがわかりました。あれから引越しをして、今度は快適な部屋に巡り会えたとのこと。職場も実は気さくな人たちばかりだったとわかり、今では楽しく働けるようになっている、と嬉しそうに話されていました。

よい環境に変えられて本当によかったのですが、私はもっと遊んで下さいともアドバイスをしていました。そのアドバイスはどうなったのでしょうか。彼はそれも実践してくれていて、最近は街に出て遊ぶようになり、適度なストレス発散で、不安定な彼の心も安定するようになっていました。

希望を捨てずに努力を続けるのが運命を鍛えるのに大事なことで、諦めず努力を続け改善出来た彼の状況にホッとしました。もう負のスパイラルに陥られることがないようにと願っています。


「星」が逆位置になると希望を失うのかと言えば、そうとは限りません。理想が高過ぎて現実から打ちのめされる、理想や目標が間違っていると解釈します。

お子さんのことで鑑定に来られた女性のお話です。手塩にかけて育て上げた子どもは、国立大学を卒業後は研究職に就かれていました。知的で聡明な自慢の息子、いつかいい家庭を持って、研究した技術もノーベル賞……なんて高望みはしないけれど、何か特許を取れるような結果に繋がればと応援されていました。

しかし、より革新的な技術が生み出され、彼の研究結果が日の目を見る前に頓挫してしまいました。年収も下がって結婚もままならないと嘆かれます。

果たして息子はどうなるのだろうかと占い、出たカードは**「星」の逆位置**でした。目指す理想は間違っていたのでしょうか？　いえ、私は悪いことばかりではないかもしれないと思いました。「星」が逆位置で出ても、理想や目標を見直し、方向転換すればいいのです。そうすればよい方向へ舵が向くだろうと思っていました。

その後、息子さんは仕事に理解ある女性に巡り合い、結婚に至ります。大人しいお嫁さんなので、お母さんは少し不安げな様子でした。

でもここで、結婚出来ないかもしれないという不安が既に解消されています。「星」が伝えてくれた方向転換は成功しているのではないかと様子を見ていました。

すると息子さんの技術に興味を持ったベンチャー企業から突如、取引を持ちかけられます。長らく取り組んできた研究が報われるかもしれない、よい機会です。「星」が正しい道を示してくれていると思いました。

ぜひ受けるべきだとお伝えしたところ、研究当初に予定していたことと全く違う分野で転用されることになりました。研究は本格的に再開出来て、仕事も上向きになったとのことです。

このように不安を思わせるカードが出ても、悪い方に考えるのではなく運命が切り替わる転機ではないかと考えてみて下さい。何事も浮き沈みはあるものです。流されるまま沈んでいくのではなく、思い切って違う方向へ進んでみれば、きっと活路が見つかるでしょう。

18 月

カードの意味

正位置
不安、秘密、裏切り、悪口、不信、迷う、嘘

逆位置
迷いがなくなる、はっきりする、疑念が晴れる

「月」のカードは一般的に女性性を表しています。生理のことを月経、月のものというように、女性に関わりの大きな言葉が月にはありますよね。関連して生理不順や妊娠に関わる出来事を示唆することもあります。ちなみに、逆に男性性を表すのは「太陽」のカードです。

月という存在には神秘的でミステ

リアスな印象があり、その光には怪しげなオーラも感じられます。カードの意味にも不安、秘密、裏切りといった曰くのある意味が多数あります。ですから占いに「月」が出ると、誰にも話せないような秘密があることを暗示します。特に浮気や不倫といった後ろめたい恋愛問題が多いですね。

長くご利用いただいている常連さんの中に、**「月」**のミステリアスさが感じられる方がいました。

一見、とても溌剌としたおしゃれな女性で、社内でもとても頼りにされている人気者。そんな彼女が取引先の男性と結婚に至ります。周囲から祝福され、見るからに幸せな結婚に思えましたが、何だか浮かない顔をされています。

出ていたカードは**「月」の正位置**。秘密や裏切りを意味します。

その意味を踏まえて伺ってみると、今回の結婚する以前に別の男性との長いお付き合いをしていて、はっきりと清算されずにいました。つまりは、その男性から今の夫に乗り換えて正式な結婚をするに至ったわけですね。

秘密は結婚した後も続きます。彼女はその以前の彼とは、周囲からもお似合いのカップ

ルだと憧れの的となった二人。それなのに実は正式に結婚した人とは仮面夫婦だったのです。

元彼に後ろ髪をひかれていた彼女は、仮面夫婦を続けながら、一方でその元彼と密かに会い続けていました。そんな関係がなんと8年以上続きます。これも「月」の力なのかもしれません。秘密はずっと影に隠れ続けていたのでしょう。

でも結局、ご主人にバレてしまい、怒ったご主人から離婚を請求されるに至りました。

離婚後、元々の彼との関係は未だ継続中のようですが、相手もそんな彼女を完全には信用出来ないでいます。何だか奥歯にものが詰まったままのような、微妙な関係が現在も続いているようです。

このように「月」が出ると、安心が出来ない状態であることを示しています。この方も、一人では安心が出来ない。二人から愛情を得てやっと、各々が補完され一人分という状況であったのかもしれません。**私は早く「月」から「太陽」へと変換され、一人の方と誠の結婚をと願っています。**

「月」が逆位置になると、不安が晴れるような意味にも変わります。

仕事の不安について相談に来られた男性がおられました。年齢も定年間近、大きな企業で働かれていましたが、万年係長のようなポジションに燻る日々。

元々その会社が好きで入社し、モチベーション高く勤務されていたのです。ですが大きな組織変更があり、自分のポジションが大きく降格してしまいます。

しかもその辞令は、信じていた上司と自分の可愛がっていた部下が、自分の保身のために相談者さんを陥れた結果だったのです。

謂れのない誹謗中傷を広められて、降格までされる。信じていた存在からの裏切りと、あまりに酷い仕打ちを受け、彼のメンタルはかなり参っていました。

現れた**「月」**はこの裏切りも示していたのだと思います。しかし**逆位置**で現れたということは、裏切られ続けることはない、苦しみはじき終わると解釈しました。月の満ち欠けのようにやがて満月となり、鮮やかな光を照らしてくれる日が来る筈だ、と。何せチャンスを示す**「運命の輪」**が未来の位置に出ていたのですから。運命を鍛える何よりのコツは、どんな小さなチャンスでも逃さないことです。

定年まで後僅かとはいえ、そのような疑心しかない職場に居続ける意味はあるのでしょ

うか。定年を迎える前に心を病み、働けなくなってしまっては本末転倒です。退職金だって満額ではなくてもそれなりの額は出ます。だったら、いっそ会社を辞めて転職をしてはどうかとアドバイスしてみました。

年代柄、終身雇用という考えが根付いていたようで非常に驚かれました。転職という考えがそもそもなかったんですね。彼にとっては寝耳に水のような話だったようです。

でも彼には仕事の実績がちゃんとありましたし、役職者の経験もあります。ハイクラスの転職エージェントに登録すれば、新たな会社が見つかるのではないかと思いました。この辺りのお話は、私の「フォーチュンテラー」としての経験というよりは、かつての社会人経験が大いに役立ち、参考にしていただけました。

結果、彼は転職活動自体が初めてのようで、色々調べていくうちに悪くないという結論に。そうしてご家族にも相談の上、転職エージェントに登録されたそうです。

実際転職が決まられたかどうかまではわかりませんが、転職活動を始めるだけでも気持ちは切り替えられるものです。**最後に来られたときにはとても晴れやかな表情をされていました。**

19 太陽

カードの意味

正位置 繁栄、成功、社会的に陽があたる、公な、活力、跡つぎ

逆位置 計画中止、挫折、家庭不和、失敗、未婚のまま、不完全な

全タロットの中でも一番元気の象徴といえるカード**「太陽」**。太陽とは世界を照らし、生き物たちに活力を与える偉大な存在。繁栄や成功といった素晴らしい意味を沢山持っています。

ですが、**「太陽」**が出たからといって大成功、願いは何でも叶うというわけではありませんのでご注意を。光があれば影もある。光差す方へとちゃんと踏み出せるかどうかは、自分次第であることを忘れないようにして下さい。

また、月が女性性を表していたのに対し、太陽は男性性を表します。このカードが象徴として出る女性は、男性に負けず劣らずバリバリ働いている方が多いかもしれませんね。


例えば、凄腕の社員として活躍していた女性がおられました。その優秀さから収入も高く、見るからに光り輝いているバリキャリとして頑張っていました。

しかし彼女にも日陰に隠れている一面があったのです。

自宅へ帰ると彼女の経済力に縋りつく、ヒモ状態の彼氏がいたのです。別れてしまえばいいのに、彼女も情が移ってしまって関係を断ち切れない。

相談に来られたのは、会社の同僚からアプローチをかけられていて、どうしたらよいのかということ。この機会に今の彼氏を断ち切れたらと思ったのでしょう。

占って出たカードは**「太陽」の正位置**。同僚の存在が彼女の未来を変えるのは間違いないとお伝えしました。

しかし彼女は同棲中の彼を手放せずにいました。どうしてかというと、同僚の男性が太陽には程遠いパッとしない雰囲気なので、彼女は踏ん切りをつけられなかったのです。ですがここで決断していれば、早く運命を切り替えられていたのにと思わせる出来事が起こります。

仕事の出張で数週間ほど同棲中の彼に家を預けることに。長期出張から帰宅した数日後、とんでもない事態が判明します。

彼女が家にいない間、彼はずっとアダルト系の有料電話サービスを使い続けていたのです。おかげでその月の電話請求額はいつもの何十倍に……。やっと彼女は彼との関係を本気で考え直すようになりました。

彼女は決心して彼氏を追い出し、同僚の彼と付き合うことになりました。

その後、結婚に至り、子どもも生まれ、旦那さんも出世街道へ。この同僚の男性からのアプローチに目を向けなければ、いつまでも足枷をつけた生活だったかもしれず、こうして幸せな家庭を得られなかったでしょう。

一悶着はあったものの、**太陽が二人の未来を照らし、健全な道へと導いたのでした。**

「太陽」はこうして新たな道へ導いてくれることがあります。転職に悩み、ご相談に来られて**「太陽」**の導きを受けた方がいます。

今の職場で全然昇進が出来ない。それなのに上司は適当で実力不足と思うところがあり、自分と比較してはストレスを感じていました。

周囲は今のままでも十分収入があるからいいじゃないかと、なあなあの雰囲気。上昇志向の強い彼女には不完全燃焼気味で、燻り続けていました。

独立も検討したものの、彼女も自己分析をちゃんとしていて、会社を立ち上げても神経質な自分では管理が難しいと自覚していました。ならば転職するべきかと考えますが、いまいち決断出来ない。

カードに尋ねてみると、現れたのはこれも**「太陽」の正位置**。社会的に日が当たるという意味もあり、大きな企業で働く人にとっては、企業内における大活躍を暗示します。

今後の展開を探っていく中で、独立が難しいなら、今の会社で新しい部署を立ち上げてみるのはどうかと提案してみました。ただでさえ、今の部署は時代の流れに追いつけず売上が低迷している状態でした。

人の好き嫌いが激しい方でしたが、仕事の実績はちゃんとあります。理解ある存在は上にも下にもいる筈。そういった人たちにターゲットを絞り、行動を起こしてみれば何かが

変わると思ったのです。

最初は提案に躊躇いがちでしたが、水面下で企画を立て、味方になってくれそうな人を中心に相談をしてみました。するとその企画を役員の一人が気に入ってくれたのです。

まずはやってみようという流れになり、プロジェクトが立ち上がりました。もちろんプロジェクトリーダーには彼女が任命されました。

プロジェクトは無事に成功を収め、権限も持てるようになり、立場も信頼も向上しました。彼女の存在がまさに日の目を見るようになったのです。

下がっていたモチベーションも持ち直

し、転職はせずに今の会社で新たな道を見出していったのでした。このように好転を示すとてもよいカードなのです。

「太陽」は自分だけでなく周りにも光を与える存在です。ですから特に人間関係が肝となる仕事においては、本当に大事なカードとなります。光のもとには自然と人が集まります。期を逃さなければ、出世やプロジェクトの成功など、大きな成果を得られるでしょう。

恋愛においても、運命的な相手との出会いやプロポーズ、妊娠に出産など、大きな幸せが訪れると伝えてくれます。

ただ逆位置で出てしまうと、輝かしい意味が逆転します。仕事の不調や恋人との別れ、他にも流産や婚約破棄など、運気が下降します。ですがそれは変化の時期だと思って下さい。**太陽という巨大な存在ですから自力での逆転は難しく、無理せず運気が変わるタイミングを待つことをお勧めします。**

20 審判

カードの意味

正位置
復活、目覚める、審判がくだる、決断、チャンス、決着

逆位置
終焉、頓挫する、助けはこない、断罪される

言葉の通り、**「審判」**とは是か非についての結果を示すもの。裁判でいう判決です。その問題の結論が出る、またはどうするか決断するといった最終的な段階を示します。

恋愛について占って「審判」が出たとき、告白やプロポーズを受けていたなら受け入れた方がよいでしょう。確かなチャンスなので、逃さずに掴んで欲しいです。

また、決断を意味することもあれば、決断の後にある復活を示す場合もあります。審判が下った後に立ち上がる、結果を知り目覚めるというような意味にも捉えられます。

ですから関係が悪化していても持ち直す、復縁出来るということも**「審判」**は教えてくれます。

逆位置で出たときには、終わりの決断を意味することがあります。恋人や夫婦の関係が拗れているなら、別れや離婚を表す結果となります。ですが、別れを後ろ向きに考えるのではなく、リセットをするときが来たのだと、新しい出会いへ進むタイミングだと考えて欲しいです。

「審判」が出た方で、とても印象的な方がおられました。カードの通り、ことあるごとに決断しては復活を繰り返すという人生を送られてきた方です。

幼い頃から家庭事情がとても複雑で、両親とは不仲で絶縁状態にあったり、兄弟に借金問題にあったりと、色々と波乱万丈な人生を歩んでこられました。

兄弟の中にはメディアでも活躍されている人もいて、庶民的な生活とはかけ離れた状況

にもあったと言います。だから自分こそは普通の結婚をして、普通の家庭を持ちたいと強く願い、婚活をされていたのです。

そうして婚活の中斐あってある男性と同棲に至り、婚活は終えられたかに思われました。結婚に関する相談もこれが最後という気持ちで占われていましたが、そのとき現れたのが**「審判」の正位置**です。

この同棲している男性が結婚相手だと決断をして、婚活が終わるという意味に読み取れなくはないですが、周囲に出ていたカードも考慮すると、彼女の婚活はもしかすると再び復活するのではないかと感じました。

すると案の定、数ヶ月して彼女の家庭事情を知った彼氏から、「一緒にはいられない」と同棲していたのに別れを切り出されてしまったと、哀しい表情をされて相談に来られたのです。

そして婚活は再開することとなりました。でも**「審判」**にはチャンスという意味もあります。新しいチャンスがあるから、改めていい人を探しましょうと私も後押ししました。

とても綺麗な方なので、男性からのアプローチは本当に沢山ありました。引く手数多とはこういうこと、中には年収数千万なんて人もいました。

ただその分、怪しい人も沢山います。兄弟にメディアで有名な人がいると聞いて色眼鏡で近づいてくる人もいれば、借金などの事情も知ってあっさり見放す冷たい人も。

次の本当にいい人が見つかるまで、時間がかかってしまうかもしれないと不安がよぎったりもしていました。しかしです。婚活を再開して一ヶ月程経った頃、新しい方と出会い、なんとそのままスピード結婚されたのです。

結婚された方は、今まで彼女にあれこれカッコつけてきた人たちに比べれば、とても地味で普通の人。学歴や職歴も至って普通。ですが、彼女の生い立ちや環境などは一切気にされない優しさや穏やかさがありました。これまでの人はまるで自分をお人形のように見ていたというのに、ちゃんと自分を人として見てくれる本当にごく普通の人。それだけで彼女には十分すぎる幸せでした。

高級ホテルのレストランや、最上階のスイートルームを予約するようなデートなんてしない。近所の公園でコーヒーを飲むだけ。贅沢はありませんが、何も気を遣わなくていいし、何も疑う必要がない静かな時間だけを過ごす。聞いているこちらがほっこりしてしまうような幸せな時間を得られていました。

苦労を続けていた彼女の人生に、ようやく一つの決着がついたわけです。

これまでが波瀾万丈な方でしたので、本当にホッといたしました。今ではお子さんにも恵まれて、幸せに穏やかに暮らしています。

ここで一つ大事なのは、審判は裁判官のような人や、ましてや神様が下したわけではない。審判を下すのはご自身だということ。

占いの結果を聞いたところで、その通りに行動するかどうか、決めるのは自身の気持ち次第です。行動に移さないというのも自分次第。結果に納得がいかないなら、占いに抗うという行動を選ぶのも間違ってはいません。

大事なのはちゃんと自分の気持ちに、本音で向き合うこと。これを疎かにしては運命を鍛えることは出来ません。

数多くの求婚を受けても、その度に自分の心と向き合い、中途半端な判断を下すことをしなかった彼女は、そうして今の旦那さんにやっと出会い、しっかりと判断した結果、幸せを掴み取られたのです。

21 世界

カードの意味

正位置
完全なる成功、ラストフィナーレ、最高潮、海外、スケール大、ラスボス

逆位置
未完成、不妊、仕切り直し、根こそぎ変わる、環境が変わる、間違えている

「世界」というカードは、タロット全78枚の中で最高峰の王将といえる最強のカード。全てにおいて頂点に輝きます。世界、果ては宇宙全体が完成されたということ。何もかもパーフェクトに上手くいきますという、言うことなしのカードです。

市販されているタロットカードの大半で、**「世界」**のデザインには運命を司る**女神「フォルトゥーナ」**が描かれています。つまり私が使うフォルトゥーナタロットの由来となった神様で、運命や幸運を意味する言葉「フォーチュン」の語源でもあります。ですから当然、フォルトゥーナタロットの「世界」にも、**女神フォルトゥーナ**が描かれています。

「世界」が未来を示す場所に出てきたら、「大きな可能性がある」「成功して身を結ぶ」「とにかく将来は安心して構わないから頑張るのみ」という結果です。

ですがもちろん、登場する場所によって意味は変わります。過去に出てきた場合は、「既に完成している」「完成していなくても何らかもう終わっている」ということ。そうなると今は出来上がったものを一生懸命いじっているだけという状況になります。

その場合は「視点を変えて考えましょう」「角度を変えて別のネタを探しましょう」というように、方向転換を促します。

逆位置になったときには、見込み違いの結果となる場合があります。世界は完成せずに終わってしまう。不倫や略奪から結ばれたカップルを占うと、そのような意味を持って現れることがあります。

長い不倫関係から互いに元の結婚相手とは離婚し、強引に再婚をしたカップルの話です。女性の方から、全財産を元妻に渡してもいいからと、離婚へ仕向けていったのです。かなり強烈な女性なのですが、一方の男性側は大人しくて呑気な雰囲気。泥沼離婚になりそうなところ、離婚した後には何か店でも立ち上げようかと、将来のことを適当に考えている。どうにも勢いに負けてしまう人だったようで、どんどん押し進めていく彼女の強烈さに、なす術もなく流されていた感じがしました。

故に二人はある意味相性がよかったのかもしれません、グイグイいく女性にグイグイいく男性がアプローチをかけても、逆に鬱陶しがられそうです。その点、彼は彼女の言うまま流されてくれる。大人しい分、人となりも優しく感じられる。彼女にとっては包容力のある男性だったのかもしれません。

二人の関係が今後どうなるか、占って現れたのは**「世界」の逆位置**。再婚したからといって、全て丸く収まるわけではなさそうでした。

再婚後、二人は彼女の地元で一緒に暮らすようになります。ですが彼は全財産を前妻に渡してしまい、引越しに伴って仕事も退職。新しいお店でもなんてぼやいていたけれど、起業経験も手に職もない彼が、急にお店を作ろうなんて土台無理な話でした。しかも年齢も60歳間近。いきなりの異業種に方向転換するには遅いタイミングでした。

結局何も出来なくなってしまった彼に、彼女の気持ちも冷めてしまい、二人は別れてしまったそうです。彼がその後どうなったのかが心配ですね……。


一方、「世界を切り開く」という本来の意味でカードが現れた方のお話です。外資系営業職の男性、海外暮らしが長いバイリンガルで、知的な好青年でした。相談内容は今後の人生について。

話を聞いていくうちに恋愛事情のことになります。さぞかしモテているだろうと思ったら、仕事を辞めても一緒にいたいと思えるほど大事な人が既にいるとのこと。

その方と結婚しないのか伺ってみれば、結婚は出来ない。したくないというわけではない、「出来ない」とお答えになられました。

疑問に感じてもう少し掘り下げて聞いてみると、躊躇いながらも答えてくれました。どうやら相手は男性、つまり同性ということ。彼の説明に納得がいきました。

通い妻（夫）のように、彼の家に通っては掃除や料理をしてあげている。献身的な彼ですが、将来を考えると、占う前から苦難のありそうな事情です。

しかしながらカードをめくってみると、現れたのは**「世界」の正位置**。完成した世界、満足した世界という意味があります。

彼はカードの意味を聞いて一つの決意を固められました。ご両親へのカミングアウトです。

彼がセクシャリティを自覚されたのは大人になってから、海外で働いていた頃の話。日本でご両親と一緒に暮らしていたときには、そういう素振りを全く見せていなかった。てっきり女性と結婚するものと思って育ててこられたため、会う度に結婚の心配をされてしまいます。そんなご両親に突然打ち明けるのは、とても勇気のいることでした。ですがいつまでも黙っているわけにはいかず、嘘もつき続けているようで心苦しい。彼はこの占いの結果を見て、ついにご両親へのカミングアウトを決意されたのです。それだけでも彼の運命は大きく鍛えられたと思います。そのくらい重要な決断でした。

打ち明けられたところ、驚きのあまり涙されたそうですが、やはりそこは人の親、子どもの幸せが一番です。誰を選ぼうが、自分が幸せならば正直に生きていけばいいと理解してくれたのでした。

それまでどこか後ろめたく、窮屈に感じながら生きてきた彼の世界が、一気に開ける瞬間が訪れたのです。これからは自分らしく生きていくと決めた幸せそうな表情に、私も安堵し、彼らの幸福を改めて願ったのでした。

エピローグ

皆さま、最後までお読みいただきありがとうございました。

どんな感想をお持ちになったでしょうか？

この本を通じて、タロット占いが気軽でカジュアルなもの、実はとてもクリエイティブで面白いものであったと、少しでも感じていただけたなら幸いです。

タロット占いは普段、まったく見過ごしてしまうような事を気づかせてくれたり、とかく思い込みに偏ってしまいがちな思考を多角的にとらえるきっかけを与えてくれるものだと思います。そして自分の思考や人生を見直して、頭の中の整理整頓もしてくれたりもします。

人の悩みは、そんなに単純で割り切れるのもではありません。様々な人間関係、社会情勢、そしてご自身の感情や意志などが複雑に混ざり合っています。

それらを一気に解決することは本当に大変で、一筋縄ではいかないのがこの世の常ですよね。

そんな時こそ、タロット占いを利用しながら現状を整理し、悩みを分析することも非常に意味深いことだと思います。

タロット占いがあなたの悩みを全知全能、万能に解決というわけではありませんが、必ず、何かしら気づきをもたらしてくれる筈です。それらを上手にハイヤーセルフ（高次元から自分を守ってくれる魂）からのギフト（気づき）としてキャッチしながら人生の決断、悩みを解決していくことは結果的に「運命の鍛え方」に繋がるのです。

運命を鍛えてトレーニングして強運を身につけていけば良いのです。


皆さんのハイヤーセルフからの気づきは非常に微弱電波のようで、普段は気づきにくいものですが、私たちのような人間があなたの気づきのお手伝いをします。

そして、私のようなフォーチュンテラーはあくまでも黒子の人間であり脇役です。

タロット占いであなたの人生を決めつけたり、断定するものではありません。あくまでも最終的な決断はあなた自身がします。また、そうでなければ本当の幸せとは言えないからです。

一方で、占いを通じてネガティブな言葉や誘導であなたを身動きがとれないようにしていくフォーチュンテラーも残念ながらいるのが現実です。

私は、同じフォーチュンテラーとして本当に不幸で残念なことだと思います。くれぐれも、そこはどうか、皆さま気を付けていただけたらと思います。

フォーチュンテラーは、あなたの普遍的な幸せを掴むためのお手伝いするのが役目です。運命を鍛えて強い運、良い運に導いていくものです。途中のプロセスには困難もあるかもしれませんが最終的によかった、これが普遍的な幸せだと思えることが一番大切なことなのです。

私の場合、お陰さまで非常にリピーターさんが多いのですが、ご相談された後、しばらくご連絡が来ない場合もあります。

その場合、その方の人生が順調に進んでおり、また大きな決断を迫られることもなく平穏に過ごされているだろうと思ったりしています。知らせがないのは良い知らせといいますが、まさにそんな感じです。

しかし、たまに非常に重い内容のご相談を受けたりしていますと、その後、その方はどうされただろうかと陰ながら案じたりもします。しかし、それを決して口外するわけではなく、心の中で、そっと祈るような日々でもあります。

人生、どのタイミングでも良いのです。ふと何か尋ねてみたくなったとき、右か左かと聞いてみたくなったとき、あの人の内心や内面はどうだろうか……など、気軽にご相談いただけましたらと思います。

または、この本にある私なりの独自のメソッドで、是非にご自身でタロット占いをしてみてください。

私のリピーターさんの中には、20年ぶりに訪ねてきて下さった方もいますし、そんなときでも以前のご相談内容が昨日のことのように蘇ります。そして、まさにあの20年前のご相談者さんの姿を思い出し、タロット占いからのメッセージは間違っていなかったと確信するのです。

最後になりますが、ハイヤーセルフは常にあなたを高次元から見守っています。

高次元とはこの世の三次元だけではなく、様々な時空や次元を超えた世界のことです。

この世であなたが幸せになるために、一生懸命シグナルを送ってくれています。

そして、あなたがハイヤーセルフの存在をすっかり忘れてしまっていても、あなたを見放すこともありませんし、ずっと変わらず見守ってくれています。


そのハイヤーセルフと繋がるお手伝いをするタロットカードですが、タロットカード自体も、すっかり忘れてしまってどこかの引き出しに仕舞っておいても構いません。また人生、いずれかの時点で思い出して愛用していただく機会が必ず訪れると思います。

悩みが押し寄せて、気持ちが落ち着かないときには、どうかタロットカードをめくってみて下さい。ハイヤーセルフがきっとよい気づきを与えてくれることでしょう。

そして、あなたの行く道を照らして、こちらだと教えてくれることでしょう。


皆さまの運命が鍛えられ、さらに強運となり、人生が豊かで幸せになりますことを心から願ってやみません。また、この場をお借りしまして、長年、たくさんの皆さまからご相談いただいたことに深く心から感謝をお伝えさせていただきます。

皆さまに、本物の、真の、誠の幸せが訪れますように！

著者

企画	新保 勝則
編集協力	石川 ナオ
ブックデザイン	bookwall
イラスト	shio
DTP	初雪デザイン
校閲	三戸 浩美

著者プロフィール

林 エリヤ（はやし えりや）

人気占いサイトで 2015年、2016年と2年連続で年間MVPを獲得し、さらにロングセラー賞も受賞。タロットカード占いを代表する、人気と実力を兼ね備えたフォーチュンテラー（占術師）。

1979年にアレクサンドリア木星王に師事し、その後は全国で鑑定活動を地道に続け、延べ2万人を超える鑑定実績がある。

TVなどのメディアには一切出演していないにも関わらず口コミで全国に広がり、その的中力は折り紙つきと話題に。

鑑定は、相談者の未来はもちろんのこと、ご本人は気づいていなかった過去の出来事まで紐解いていきながら、親身に丁寧にアドバイスをしている。

鑑定でご縁があったすべての方々の幸せを心より願い、10年、20年とリピーターが多くいる。また、業界や著名人のファンも多く、雑誌の連載や企業とのコラボ企画なども行っている。

公式サイト
https://elijah-fortuna.com/

運命は鍛えられる

2024年5月15日　初版第1刷発行

著者　林エリヤ　

発行　合同会社 オールズバーグ
〒107-0062　東京都港区南青山2-2-15
https://allsburg.co.jp/

発売　株式会社 扶桑社
〒105-8070　東京都港区海岸1-2-20　汐留ビルディング
電話　03-5843-8143(メールセンター)
www.fusosha.co.jp

印刷・製本　中央精版印刷 株式会社

ISBN978-4-594-09738-7　C0095　Printed in Japan